MASAKAN M
UNTUK PEMULA

MW01226302

100 RESEP SEHAT DAN LEZAT UNTUK SELURUH KELUARGA

Cindy Nurdiyanti

Penafian

Informasi yang terkandung dalam eBuku ini dimaksudkan sebagai kumpulan strategi komprehensif yang telah dilakukan oleh penulis eBuku ini. Rangkuman, strategi, tip, dan trik hanya direkomendasikan oleh penulis, dan membaca eBook ini tidak akan menjamin bahwa hasil seseorang akan sama persis dengan hasil penulisnya. Penulis eBuku telah melakukan semua upaya yang wajar untuk memberikan informasi terkini dan akurat bagi para pembaca eBuku. Penulis dan rekanannya tidak akan bertanggung jawab atas kesalahan atau kelalaian yang tidak disengaja yang mungkin ditemukan. Materi dalam eBuku dapat mencakup informasi dari pihak ketiga. Materi pihak ketiga terdiri dari opini yang diungkapkan oleh pemiliknya. Dengan demikian, penulis eBuku tidak bertanggung jawab atau berkewajiban atas materi atau pendapat pihak ketiga mana pun.

EBook adalah hak cipta © 2022 dengan semua hak dilindungi undang-undang. Adalah ilegal untuk mendistribusikan ulang, menyalin, atau membuat karya turunan dari eBuku ini secara keseluruhan atau sebagian. Tidak ada bagian dari laporan ini yang boleh direproduksi atau ditransmisikan kembali dalam bentuk apa pun yang direproduksi atau dikirim ulang dalam bentuk apa pun tanpa izin tertulis yang dinyatakan dan ditandatangani dari penulis.

DAFTAR ISI

4

PENUTUP MEDITERANIA

PENGANTAR

Masakan mediterania merupakan makanan khas negara-negara kawasan mediterania. Ini adalah gaya hidup yang lebih dari sekadar cara makan yang sederhana, lebih dari sekadar pola makan, melainkan seperangkat pengetahuan, kebiasaan sosial, dan tradisi budaya yang secara historis diturunkan oleh orang-orang yang tinggal di Mediterania sejak awal. periode pasca perang.

Masakan Mediterania adalah makanan dan metode persiapan yang digunakan oleh orang-orang di Cekungan Mediterania. Empat elemen inti masakan adalah;

- Zaitun

- Gandum (roti dan pasta)

- Anggur

- Anggur

Wilayah ini mencakup berbagai budaya dengan masakan yang berbeda, khususnya (berlawanan arah jarum jam di sekitar wilayah) Maghrebi, Mesir, Levantine, Ottoman (Turki), Yunani, Italia, Provençal, dan Spanyol, meskipun beberapa penulis memasukkan masakan tambahan. Masakan Portugis, khususnya, sebagian adalah Mediterania.

Makanan Pembuka Mediterania

1. Udang goreng renyah

Menyajikan 6

Bahan:

- pon udang kecil, kupas

- $1\frac{1}{2}$ cangkir buncis atau tepung biasa

- 1 sendok makan peterseli daun datar segar cincang

- 3 daun bawang, bagian putih dan sedikit bagian atas hijau lembut, cincang halus

- sendok teh paprika/pimenton manis

- Garam

- Minyak zaitun untuk menggoreng

Petunjuk arah:

a) Masak udang dalam panci dengan air yang cukup untuk menutupinya dan didihkan dengan api besar.

b) Dalam mangkuk atau food processor, gabungkan tepung, peterseli, daun bawang, dan pimentón untuk menghasilkan adonan. Tambahkan air rebusan dingin dan sedikit garam.

c) Blender atau proses sampai Anda memiliki tekstur yang sedikit lebih kental dari adonan pancake. Dinginkan selama 1 jam setelah ditutup.

d) Keluarkan udang dari kulkas dan cincang halus. Penggilingan kopi harus seukuran potongan.

e) Keluarkan adonan dari kulkas dan masukkan udang.

f) Dalam wajan tumis yang berat, tuangkan minyak zaitun hingga kedalaman sekitar 1 inci dan panaskan dengan api besar sampai hampir berasap.

g) Untuk setiap gorengan, tuangkan 1 sendok makan adonan ke dalam minyak dan ratakan adonan dengan bagian belakang sendok menjadi lingkaran berdiameter 3 1/2 inci.

h) Goreng selama sekitar 1 menit di setiap sisi, putar sekali, atau sampai gorengnya berwarna keemasan dan renyah.

i) Keluarkan gorengan menggunakan sendok berlubang dan letakkan di atas piring tahan oven.

j) Sajikan segera.

2. Tomat isi

Bahan:

- 8 tomat kecil, atau 3 tomat besar

- 4 butir telur rebus, dinginkan dan kupas

- 6 sendok makan Aioli atau mayones

- Garam dan merica

- 1 sendok makan peterseli, cincang

- 1 sendok makan remah roti putih, jika menggunakan tomat besar

Petunjuk arah:

a) Celupkan tomat ke dalam baskom berisi es atau air yang sangat dingin setelah mengulitinya dalam panci berisi air mendidih selama 10 detik.

b) Potong bagian atas tomat. Dengan menggunakan satu sendok teh atau pisau kecil yang tajam, kikis biji dan bagian dalamnya.

c) Hancurkan telur dengan Aioli (atau mayones, jika menggunakan), garam, merica, dan peterseli dalam mangkuk pencampur.

d) Isi tomat dengan isian, tekan dengan kuat. Ganti tutupnya dengan sudut yang ceria pada tomat kecil.

e) Isi tomat ke atas, tekan dengan kuat sampai rata. Dinginkan selama 1 jam sebelum diiris menjadi cincin menggunakan pisau ukir yang tajam.

f) Hiasi dengan peterseli.

3. Goreng cod asin dengan Aioli

Menyajikan 6

Bahan:

- 1 pon ikan asin, direndam

- 3 1/2 ons. remah roti putih kering

- 1/4 pon kentang tepung

- Minyak zaitun, untuk menggoreng dangkal

- 1/4 cangkir susu

- Irisan lemon dan daun salad, untuk disajikan

- 6 siung bawang bombay cincang halus

- aioli

Petunjuk arah:

a) Dalam panci berisi air mendidih yang diberi sedikit garam, masak kentang, tanpa dikupas, selama sekitar 20 menit, atau sampai empuk. Mengeringkan.

b) Kupas kentang segera setelah cukup dingin untuk dipegang, lalu haluskan dengan garpu atau penghancur kentang.

c) Dalam panci, gabungkan susu, dan setengah dari daun bawang, dan didihkan. Tambahkan ikan cod yang sudah direndam dan rebus selama 10-15 menit, atau sampai mudah terkelupas. Keluarkan cod dari panci dan serpihan ke dalam mangkuk dengan garpu, buang tulang dan kulitnya.

d) Masukkan 4 sendok makan kentang tumbuk dengan cod dan kombinasikan dengan sendok kayu.

e) Bekerja dalam minyak zaitun, lalu tambahkan sisa kentang tumbuk secara bertahap. Campurkan sisa daun bawang dan peterseli dalam mangkuk pencampur.

f) Untuk rasa, bumbui dengan jus lemon dan merica.

g) Di wadah terpisah, kocok satu butir telur hingga tercampur rata, lalu dinginkan hingga padat.

h) Gulung campuran ikan dingin menjadi 12-18 bola, lalu ratakan dengan lembut menjadi kue bundar kecil.

i) Masing-masing harus ditaburi tepung terlebih dahulu, lalu dicelupkan ke sisa telur kocok dan diakhiri dengan remah roti kering.

j) Dinginkan hingga siap digoreng.

k) Dalam wajan penggorengan yang besar dan berat, panaskan minyak sekitar 3/4 inci. Masak gorengan selama sekitar 4 menit dengan api sedang-tinggi.

l) Balikkan dan masak selama 4 menit lagi, atau sampai renyah dan keemasan di sisi lainnya.

m) Tiriskan di atas tisu sebelum disajikan dengan Aioli, irisan lemon, dan daun salad.

4. Kroket udang

Membuat sekitar 36 unit

Bahan:

- 3 1/2 ons. mentega
- 4 ons. tepung biasa
- 1 1/4 liter susu dingin
- Garam dan merica
- 14 ons. udang kupas rebus, potong dadu
- 2 sendok teh pure tomat
- 5 atau 6 sendok makan remah roti halus
- 2 butir telur besar, kocok lepas
- Minyak zaitun untuk menggoreng

Petunjuk arah:

a) Dalam panci sedang, lelehkan mentega dan tambahkan tepung, aduk terus.

b) Perlahan gerimis dalam susu dingin, aduk terus, sampai Anda memiliki saus yang kental dan halus.

c) Tambahkan udang, bumbui dengan garam dan merica secukupnya, lalu masukkan pasta tomat. Masak selama 7 hingga 8 menit lagi.

d) Ambil sedikit sendok makan Bahan dan gulung menjadi kroket silinder 1 1/2 - 2 inci.

e) Gulingkan kroket di tepung panir, lalu di kocokan telur, dan terakhir di tepung panir.

f) Dalam wajan besar dengan bagian bawah yang tebal, panaskan minyak untuk menggoreng hingga mencapai 350 ° F atau kubus roti berubah menjadi cokelat keemasan dalam 20-30 detik.

g) Goreng selama sekitar 5 menit dalam jumlah tidak lebih dari 3 atau 4 sampai berwarna cokelat keemasan.

h) Dengan menggunakan sendok berlubang, angkat ayam, tiriskan di atas kertas dapur, dan sajikan segera.

5. Kentang bumbu krispi

Porsi: 4

Bahan:

- 3 sendok makan minyak zaitun
- 4 kentang Russet, kupas, dan potong dadu
- 2 sendok makan bawang bombay cincang
- 2 siung bawang putih, cincang
- Garam dan lada hitam yang baru digiling
- 1 1/2 sendok makan paprika Spanyol
- 1/4 sendok teh Saus Tabasco
- 1/4 sendok teh thyme tanah
- 1/2 cangkir kecap
- 1/2 cangkir mayones
- Peterseli cincang, untuk hiasan
- 1 cangkir minyak zaitun, untuk menggoreng

Petunjuk arah:

Saus brava:

a) Panaskan 3 sendok makan minyak zaitun dalam panci di atas api sedang. Tumis bawang bombay dan bawang putih hingga bawang bombay layu.

b) Angkat panci dari api dan masukkan paprika, saus Tabasco, dan thyme.

c) Dalam mangkuk pencampur, gabungkan saus tomat dan mayones.

d) Untuk rasa, bumbui dengan garam dan merica. Hapus dari persamaan.

Kentang:

e) Bumbui kentang dengan sedikit garam dan lada hitam.

f) Goreng kentang dalam 1 cangkir (8 fl. oz.) minyak zaitun dalam wajan besar sampai berwarna cokelat keemasan dan matang, aduk sesekali.

g) Tiriskan kentang di atas tisu, cicipi, dan bumbui dengan garam tambahan jika perlu.

h) Agar kentang tetap renyah, gabungkan dengan saus tepat sebelum disajikan.

i) Sajikan hangat, hiasi dengan peterseli cincang.

6. gambas udang

Menyajikan 6

Bahan:

- 1/2 cangkir minyak zaitun
- Jus dari 1 lemon
- 2 sendok teh garam laut
- 24 ekor udang ukuran sedang, dengan kulit kepala utuh

Petunjuk arah:

a) Dalam mangkuk pencampur, campurkan minyak zaitun, jus lemon, dan garam, lalu aduk hingga tercampur rata. Untuk melapisi udang dengan ringan, celupkan ke dalam campuran selama beberapa detik.

b) Dalam wajan kering, panaskan minyak dengan api besar. Bekerja dalam batch, tambahkan udang dalam satu lapisan tanpa memadati panci saat sangat panas. 1 menit membakar

c) Kurangi panas menjadi sedang dan masak selama satu menit lagi. Tingkatkan panas ke tinggi dan bakar udang selama 2 menit lagi, atau sampai berwarna keemasan.

d) Jaga agar udang tetap hangat dalam oven rendah di atas piring tahan oven.

e) Masak sisa udang dengan cara yang sama.

7. Vinaigrette kerang

Porsi: Membuat 30 tapas

Bahan:

- 2 1/2 lusin kerang, digosok dan janggut dihilangkan Selada parut
- 2 sendok makan daun bawang cincang
- 2 sendok makan paprika hijau cincang
- 2 sendok makan cabai merah cincang
- 1 sendok makan peterseli cincang
- 4 sendok makan minyak zaitun
- 2 sendok makan cuka atau jus lemon
- Secukupnya saus cabai merah
- Garam secukupnya

Petunjuk arah:

a) Kukus kerang terbuka.

b) Tempatkan mereka dalam panci besar berisi air. Tutup dan masak dengan api besar, aduk panci sesekali, sampai cangkangnya terbuka. Angkat kerang dari api dan buang yang tidak terbuka.

c) Kerang juga bisa dipanaskan dalam microwave untuk membukanya. Panaskan microwave selama satu menit dengan daya maksimum dalam mangkuk tahan microwave, tertutup sebagian.

d) Microwave selama satu menit lagi setelah diaduk. Keluarkan kerang yang telah dibuka dan masak selama satu menit lagi dalam microwave. Hapus yang terbuka sekali lagi.

e) Keluarkan dan buang cangkang kosong setelah cukup dingin untuk ditangani.

f) Di atas nampan saji, letakkan kerang di atas selada parut sesaat sebelum disajikan.

g) Campurkan bawang merah, paprika hijau dan merah, peterseli, minyak, dan cuka dalam mangkuk pencampur.

h) Saus garam dan cabai merah sesuai selera. Isi setengah kulit kerang dengan campuran.

8. Paprika isi nasi

Porsi: 4

Bahan:

- 1 pon 2 ons. Beras Spanyol berbutir pendek, seperti Bomba atau Calasparra

- 2-3 sendok makan minyak zaitun

- 4 buah cabai merah besar

- 1 paprika merah kecil, cincang

- 1/2 bawang bombay, cincang

- 1/2 tomat, kupas dan cincang

- 5 ons. daging babi cincang / cincang atau 3 ons. ikan asin

- Kunyit

- Peterseli segar cincang

- Garam

Petunjuk arah:

a) Kikis selaput bagian dalam dengan satu sendok teh setelah memotong ujung batang paprika dan simpan sebagai penutup untuk dimasukkan kembali nanti.

b) Panaskan minyak dan tumis cabai merah hingga layu.

c) Tumis bawang bombay hingga empuk, lalu tambahkan daging dan sedikit kecoklatan, tambahkan tomat setelah beberapa menit, lalu tambahkan lada matang, nasi mentah, kunyit, dan peterseli. Bumbui dengan garam secukupnya.

d) Isi paprika dengan hati-hati dan letakkan di sisinya di atas piring tahan oven, berhati-hatilah agar isinya tidak tumpah.

e) Masak hidangan dalam oven panas selama sekitar 1 1/2 jam, tertutup.

f) Nasi dimasak dalam cairan tomat dan merica.

9. Cumi dengan rosemary dan minyak cabai

Porsi: 4

Bahan:

- Minyak zaitun extra virgin

- 1 ikat rosemary segar

- 2 cabai merah utuh, buang bijinya dan cincang halus 150ml krim tunggal

- 3 kuning telur

- 2 sendok makan keju Parmesan parut

- 2 sendok makan tepung terigu

- Garam dan lada hitam giling segar

- 1 siung bawang putih, kupas dan haluskan

- 1 sendok teh oregano kering

- Minyak sayur untuk menggoreng

- 6 Cumi, bersihkan dan potong cincin

- Garam

Petunjuk arah:

a) Untuk membuat saus, panaskan minyak zaitun dalam panci kecil dan aduk rosemary dan cabai. Hapus dari persamaan.

b) Dalam mangkuk besar, kocok krim, kuning telur, keju parmesan, tepung, bawang putih, dan oregano. Blender hingga adonan menjadi halus. Bumbui dengan lada hitam, yang baru digiling.

c) Panaskan minyak hingga 200 ° C untuk menggoreng, atau sampai sepotong roti berwarna cokelat dalam 30 detik.

d) Celupkan cincin cumi satu per satu ke dalam adonan dan masukkan ke dalam minyak dengan hati-hati. Masak sampai berwarna cokelat keemasan, sekitar 2-3 menit.

e) Tiriskan di atas kertas dapur dan sajikan segera dengan saus yang dituangkan di atasnya. Jika perlu, bumbui dengan garam.

10. Salad Tortellini

Porsi: 8

Bahan:

- 1 bungkus tortellini keju tiga warna
- cangkir pepperoni potong dadu
- cangkir irisan daun bawang
- 1 buah paprika hijau potong dadu
- 1 cangkir tomat ceri yang dibelah dua
- $1\frac{1}{4}$ cangkir irisan zaitun Kalamata
- cangkir cincang artichoke hati yang diasinkan 6 oz. keju mozzarella potong dadu 1/3 cangkir saus Italia

Petunjuk arah:

a) Masak tortellini sesuai petunjuk kemasan, lalu tiriskan.

b) Aduk tortellini dengan bahan yang tersisa, tidak termasuk sausnya, dalam mangkuk besar.

c) Gerimis dressing di atasnya.

d) Diamkan selama 2 jam agar dingin.

11. Salad Pasta Caprese

Porsi: 8

Bahan:

- 2 cangkir pasta penne yang dimasak

- 1 cangkir pesto

- 2 buah tomat cincang

- 1 cangkir keju mozzarella potong dadu

- Garam dan merica secukupnya

- 1/8 sendok teh oregano

- 2 sendok teh cuka anggur merah

Petunjuk arah:

a) Masak pasta sesuai dengan Petunjuk paket, yang akan memakan waktu sekitar 12 menit. Mengeringkan.

b) Dalam mangkuk besar, gabungkan pasta, pesto, tomat, dan keju; bumbui dengan garam, merica, dan oregano.

c) Gerimiskan cuka anggur merah di atasnya.

d) Diamkan selama 1 jam di lemari es.

12. Balsamic Bruschetta

Porsi: 8

Bahan:

- 1 cangkir tomat Roma tanpa biji dan potong dadu
- cangkir basil cincang
- cangkir keju pecorino parut
- 1 siung bawang putih cincang
- 1 sendok makan cuka balsamic
- 1 sendok teh minyak zaitun
- Garam dan merica secukupnya – hati-hati, karena kejunya sendiri agak asin.
- 1 potong roti Prancis
- 3 sendok makan minyak zaitun
- sendok teh bubuk bawang putih
- sendok teh kemangi

Petunjuk arah:

a) Dalam piring pencampur, gabungkan tomat, kemangi, keju pecorino, dan bawang putih.

b) Dalam mangkuk kecil, kocok cuka dan 1 sendok makan minyak zaitun; menyisihkan. c) Gerimis irisan roti dengan minyak zaitun, bubuk bawang putih, dan basil.

c) Letakkan di atas loyang dan panggang selama 5 menit pada suhu 350 derajat.

d) Keluarkan dari oven. Kemudian tambahkan campuran tomat dan keju di atasnya.

e) Jika perlu, bumbui dengan garam dan merica.

f) Sajikan segera.

13. Bola Pizza

Porsi: 10

Bahan:

- 1 pon sosis giling yang dihancurkan
- 2 cangkir campuran Bisquick
- 1 bawang bombay cincang
- 3 siung bawang putih cincang
- sendok teh bumbu Italia
- 2 cangkir keju mozzarella parut
- 1 cangkir saus pizza - dibagi
- cangkir keju parmesan

Petunjuk arah:

a) Panaskan oven hingga 400 derajat Fahrenheit.

b) Siapkan loyang dengan menyemprotnya dengan semprotan masak anti lengket.

c) Campur sosis, campuran Bisquick, bawang merah, bawang putih, bumbu Italia, keju mozzarella, dan saus pizza 12 cangkir bersama-sama dalam mangkuk pencampur.

d) Setelah itu, tambahkan air secukupnya untuk membuatnya bisa diterapkan.

e) Gulung adonan menjadi bola 1 inci.

f) Taburkan keju parmesan di atas bola-bola pizza.

g) Setelah itu, letakkan bola-bola di atas loyang yang sudah Anda siapkan.

h) Panaskan oven hingga 350 ° F dan panggang selama 20 menit.

i) Sajikan dengan sisa saus pizza di sampingnya untuk dicelupkan.

14. Scallop dan Prosciutto Bites

Porsi: 8

Bahan:

- cangkir prosciutto yang diiris tipis

- 3 sendok makan krim keju

- 1 pon kerang

- 3 sendok makan minyak zaitun

- 3 siung bawang putih cincang

- 3 sendok makan keju parmesan

- Garam dan merica secukupnya – hati-hati, karena prosciutto akan asin

Petunjuk arah:

a) Oleskan lapisan kecil keju krim ke setiap irisan prosciutto.

b) Selanjutnya, bungkus sepotong prosciutto di sekitar setiap kerang dan kencangkan dengan tusuk gigi.

c) Dalam wajan, panaskan minyak zaitun.

d) Masak bawang putih selama 2 menit dalam wajan.

e) Tambahkan kerang yang dibungkus dengan kertas timah dan masak selama 2 menit di setiap sisinya.

f) Oleskan keju Parmesan di atasnya.

g) Tambahkan garam dan merica sesuai selera jika diinginkan.

h) Peras kelebihan cairan dengan handuk kertas.

15. Terong dengan madu

Porsi: 2

Bahan:

- 3 Sendok Makan Madu
- 3 terong
- 2 cangkir Susu
- 1 sendok makan garam
- 1 sendok makan merica
- 100g Tepung
- 4 sendok makan minyak zaitun

Petunjuk arah:

a) Iris tipis terong.

b) Dalam mangkuk pencampur, gabungkan terong. Tuang susu secukupnya ke dalam baskom untuk menutupi terong sepenuhnya. Bumbui dengan sejumput garam.

c) Diamkan minimal satu jam agar meresap.

d) Ambil terong dari susu dan sisihkan. Menggunakan tepung, lapisi setiap irisan. Lapisi dalam campuran garam dan merica.

e) Dalam wajan, panaskan minyak zaitun. Goreng irisan terong dalam suhu 180 derajat C.

f) Letakkan terong goreng di atas tisu untuk menyerap minyak berlebih.

g) Gerimis terong dengan madu.

h) Melayani.

16. Sosis dimasak dalam sari

Porsi: 3

Bahan:

- 2 cangkir sari apel

- 8 sosis chorizo

- 1 sendok makan minyak zaitun

Petunjuk arah:

a) Potong chorizo menjadi irisan tipis.

b) Dalam wajan, panaskan minyak. Panaskan oven dengan api sedang.

c) Masukkan chorizo. Goreng sampai warna makanan berubah.

d) Tuang sarinya. Masak selama 10 menit, atau sampai saus agak mengental.

e) Roti harus disajikan dengan hidangan ini.

f) Menikmati!!!

17.Gigitan kue ayam Italia

Porsi: 8 Bundel

Bahan

- 1 kaleng Crescent Rolls (8 gulungan)
- 1 cangkir cincang, ayam dimasak
- 1 sendok makan saus Spaghetti
- sendok teh bawang putih cincang
- 1 sendok makan keju mozarella

Petunjuk arah:

a) Panaskan oven hingga 350 derajat Fahrenheit. Campurkan ayam, saus, dan bawang putih dalam wajan dan masak sampai hangat.

b) Segitiga terbuat dari gulungan bulan sabit yang terpisah. Sebarkan campuran ayam di tengah setiap segitiga.

c) Jika diinginkan, bagikan keju dengan cara yang sama.

d) Jepit sisi gulungan menjadi satu dan bungkus di sekitar ayam.

e) Di atas batu panggang, panggang selama 15 menit, atau sampai berwarna keemasan.

18. Kebab daging sapi Spanyol

Porsi: 4 porsi

Bahan

- cangkir jus jeruk
- cangkir jus tomat
- 2 sendok teh minyak zaitun
- 1½ sendok teh jus lemon
- 1 sendok teh Oregano, kering
- sendok teh paprika
- sendok teh Jinten, haluskan
- sendok teh garam
- sendok teh Lada, hitam
- 10 ons daging sapi tanpa lemak tanpa tulang; potong menjadi 2 "kubus
- 1 bawang merah sedang; potong menjadi 8 bagian
- 8 masing-masing tomat ceri

Petunjuk arah:

a) Untuk membuat bumbunya, campurkan jus jeruk dan tomat, minyak, jus lemon, oregano, paprika, jinten, garam, dan merica dalam kantong plastik tertutup ukuran galon.

b) Tambahkan kubus daging; segel tas, tekan keluar udara; berputar untuk melapisi daging sapi.

c) Dinginkan setidaknya selama 2 jam atau semalaman, lempar tas sesekali. Menggunakan semprotan memasak anti lengket, lapisi rak panggangan.

d) Tempatkan rak panggangan 5 inci dari arang. Ikuti instruksi pabrik untuk memanggang.

e) Tiriskan steak dan sisihkan bumbunya.

f) Menggunakan 4 tusuk sate dari logam atau bambu yang direndam, masukkan daging sapi, bawang, dan tomat dalam jumlah yang sama.

g) Panggang kebab selama 15-20 menit, atau sampai matang sesuai keinginan Anda, putar dan olesi dengan bumbu yang sudah dipesan.

19. Campuran popcorn Italia yang renyah

Porsi: 10 Porsi

Bahan

- 10 cangkir Popcorn; 3,5 oz., tas microwave adalah jumlah ini
- 3 cangkir camilan jagung berbentuk terompet
- cangkir Margarin atau mentega
- 1 sendok teh bumbu Italia
- sendok teh bubuk bawang putih
- cangkir keju Parmesan

Petunjuk arah:

a) Dalam mangkuk besar yang dapat di-microwave, gabungkan popcorn dan camilan jagung. Dalam 1 cangkir ukuran mikro-aman, gabungkan Bahan yang tersisa, kecuali keju.

b) Microwave selama 1 menit pada HIGH, atau sampai margarin meleleh; mengaduk. Tuang campuran popcorn di atasnya.

c) Aduk sampai semuanya terlapisi dengan rata. Microwave, buka tutupnya, selama 2-4 menit, hingga terpanggang, aduk setiap menit. Keju parmesan harus ditaburkan di atasnya.

d) Sajikan panas.

20. Bola Arancini

Membuat 18

Bahan

- 2 sendok makan minyak zaitun
- 15 gram mentega tawar
- 1 bawang bombay, cincang halus
- 1 siung bawang putih besar, geprek
- 350g nasi risotto
- 150ml anggur putih kering
- 1,2l kaldu ayam atau sayuran panas
- 150 gr parmesan, parut halus
- 1 lemon, parut halus
- 150g bola mozzarella, potong menjadi 18 bagian kecil
- minyak sayur, untuk menggoreng

Untuk lapisan

- 150 gram tepung terigu
- 3 butir telur besar, kocok sebentar
- 150 gr tepung roti kering halus

Petunjuk arah:

a) Dalam panci, panaskan minyak dan mentega sampai berbusa. Tambahkan bawang merah dan sejumput garam dan masak selama 15 menit, atau sampai lunak dan transparan, dengan api kecil.

b) Masak sebentar lagi setelah menambahkan bawang putih.

c) Tambahkan nasi dan didihkan selama satu menit lagi sebelum menambahkan anggur. Didihkan cairan dan masak sampai air menyusut setengahnya.

d) Tuang setengah dari kaldu dan terus aduk sampai sebagian besar cairan terserap.

e) Saat nasi menyerap cairan, tambahkan sisa kaldu sesendok demi sesendok, aduk terus, sampai nasi matang.

f) Tambahkan parmesan dan kulit lemon dan bumbui dengan garam dan merica secukupnya. Tempatkan risotto di nampan berbibir dan sisihkan hingga dingin hingga suhu kamar.

g) Bagilah risotto dingin menjadi 18 bagian yang sama, masing-masing seukuran bola golf.

h) Di telapak tangan Anda, ratakan bola risotto dan letakkan sepotong mozzarella di tengahnya, lalu bungkus keju dengan nasi dan bentuk menjadi bola.

i) Lanjutkan dengan sisa bola risotto dengan cara yang sama.

j) Dalam tiga piring dangkal, gabungkan tepung, telur, dan remah roti. Setiap bola risotto harus ditaburi tepung terlebih dahulu, lalu dicelupkan ke dalam telur, dan terakhir remah roti. Letakkan di piring dan sisihkan.

k) Isi panci besar dengan dasar yang berat dengan minyak sayur dan panaskan di atas api sedang-rendah sampai termometer memasak menunjukkan suhu 170 ° C atau sepotong roti berubah menjadi cokelat keemasan dalam 45 detik.

l) Secara bertahap, turunkan bola risotto ke dalam minyak dan goreng selama 8-10 menit, atau sampai berwarna cokelat keemasan dan meleleh di tengahnya.

m) Letakkan di atas nampan yang dilapisi dengan handuk dapur bersih dan sisihkan.

n) Sajikan arancini hangat atau dengan saus tomat sederhana untuk mencelupkannya.

21. Manchego dengan Orange Preserve

Bahan

Membuat sekitar 4 cangkir

- 1 kepala bawang putih
- 1 1/2 cangkir minyak zaitun, ditambah lagi untuk gerimis
- garam halal
- 1 Seville atau oranye pusar
- 1/4 cangkir gula
- 1 pon keju Manchego muda, potong 3/4 inci
- 1 sendok makan rosemary cincang halus
- 1 sendok makan thyme cincang halus
- Baguette panggang

Petunjuk arah:

a) Panaskan oven hingga 350 derajat Fahrenheit. seperempat inci "Lepaskan bagian atas bohlam bawang putih dan letakkan di atas selembar kertas timah. Bumbui dengan garam dan gerimis dengan minyak.

b) Bungkus dengan aman dalam foil dan panggang selama 35-40 menit, atau sampai kulit berwarna cokelat keemasan dan cengkeh lunak. Biarkan dingin. Peras cengkeh ke dalam baskom besar.

c) Pada saat yang sama, potong 1/4 "Buang bagian atas dan bawah jeruk dan belah empat memanjang. Keluarkan daging dari setiap keempat kulitnya menjadi satu bagian, tidak termasuk empulur putih (simpan kulitnya).

d) Sisihkan jus yang diperas dari daging dalam baskom kecil.

e) Potong kulitnya menjadi potongan seperempat inci dan masukkan ke dalam panci kecil dengan air dingin yang cukup untuk menutupi satu inci. Didihkan, lalu tiriskan; lakukan ini dua kali lagi untuk menghilangkan rasa pahitnya.

f) Dalam panci, gabungkan kulit jeruk, gula, jus jeruk cadangan, dan 1/2 gelas air.

g) Didihkan; kurangi panas menjadi rendah dan didihkan, aduk secara teratur, selama 20-30 menit, atau sampai kulitnya empuk dan cairannya seperti sirup. Biarkan jeruk yang diawetkan menjadi dingin.

h) Aduk bersama jeruk yang diawetkan, Manchego, rosemary, thyme, dan sisa 1 1/2 cangkir minyak ke dalam mangkuk dengan bawang putih. Dinginkan setidaknya selama 12 jam setelah ditutup.

i) Sebelum disajikan dengan roti panggang, bawa Manchego yang diasinkan ke suhu kamar.

22. Nacho Italia

Porsi: 1

Bahan

saus Alfredo

- 1 Setengah dan Setengah Piala

- 1 cangkir krim kental

- 2 sendok makan mentega tawar

- 2 siung bawang putih cincang

- 1/2 Cangkir Parmesan

- Garam dan merica

- 2 sendok makan tepung

nachos

- Bungkus pangsit dipotong segitiga

- 1 Ayam dimasak dan disuwir

- Paprika Tumis

- Keju mozzarella

- Zaitun

- peterseli cincang

- Keju parmesan

- Minyak untuk menggoreng kacang atau canola

Petunjuk arah:

a) Tambahkan mentega tawar ke dalam panci saus dan lelehkan di atas api sedang.

b) Aduk bawang putih sampai semua mentega meleleh.

c) Tambahkan tepung dengan cepat dan aduk terus sampai menggumpal dan berwarna keemasan.

d) Dalam mangkuk pencampur, gabungkan krim kental dan setengah-setengah.

e) Didihkan, lalu kecilkan api dan masak selama 8-10 menit, atau sampai mengental.

f) Bumbui dengan garam dan merica.

g) Wontons: Panaskan minyak dalam wajan besar di atas api sedang-tinggi, sekitar 1/3 dari jalan ke atas.

h) Tambahkan wonton satu per satu dan panaskan sampai hampir keemasan di bagian bawah, lalu balik dan masak sisi lainnya.

i) Tempatkan handuk kertas di atas saluran pembuangan.

j) Panaskan oven hingga 350 ° F dan lapisi loyang dengan kertas roti, diikuti oleh wonton.

k) Tambahkan saus Alfredo, ayam, paprika, dan keju mozzarella di atasnya.

l) Tempatkan di bawah ayam pedaging dalam oven Anda selama 5-8 menit, atau sampai keju benar-benar meleleh.

m) Keluarkan dari oven dan taburi dengan zaitun, parmesan, dan peterseli.

23. Pintxo ayam

Porsi 8

Bahan

- 1,8 pon paha ayam tanpa kulit, tanpa tulang dipotong menjadi 1 "potong

- 1 sendok makan paprika asap Spanyol

- 1 sendok teh oregano kering

- 2 sendok teh jinten tanah

- 3/4 sendok teh garam laut

- 3 siung bawang putih cincang

- 3 sendok makan peterseli cincang

- 1/4 cangkir minyak zaitun extra virgin

- Saus Chimichurri Merah

Petunjuk arah:

a) Dalam baskom besar, gabungkan semua Bahan dan aduk rata untuk melapisi potongan ayam. Biarkan meresap semalaman di lemari es.

b) Rendam tusuk sate bambu selama 30 menit dalam air. Menggunakan tusuk sate, tusuk sate potongan ayam.

c) Panggang selama 8-10 menit, atau sampai benar-benar matang.

24. Pembungkus Daging Sapi Italia

Bahan

- 1 sendok teh Minyak Zaitun

- 1/2 cangkir paprika hijau, potong-potong

- 1/2 cangkir bawang bombay, potong-potong

- 1/2 peperoncini, iris tipis

- 1/2 sendok teh bumbu Italia

- 8 iris daging sapi Italia Deli, tebal 1/8"

- 8 String Cheese Stick

Petunjuk arah

a) Dalam wajan sedang, panaskan minyak di atas api sedang. Campurkan minyak zaitun dan empat Bahan berikut dalam mangkuk pencampur. Masak selama 3-4 menit, atau sampai empuk.

b) Tempatkan campuran di atas piring dan diamkan selama 15 menit hingga dingin.

c) Cara Menyatukannya: Di atas talenan, taruh empat potong daging sapi Italia rata. Tempatkan 1 batang keju di tengah setiap potongan daging, melintang.

d) Tambahkan sebagian campuran lada dan bawang bombay di atasnya. Lipat satu sisi irisan daging sapi di atas campuran keju dan sayuran, lalu bungkus, sisi jahitannya menghadap ke bawah.

e) Susun gulungan di atas piring saji.

25. Roll-up Pepperoni Italia

Porsi 35

Bahan

- 5 10" tepung tortilla (tomat bayam kering atau tepung putih)
- 16 ons krim keju dilunakkan
- 2 sendok teh bawang putih cincang
- 1/2 cangkir krim asam
- 1/2 cangkir keju Parmesan
- 1/2 cangkir keju parut Italia atau keju mozzarella
- 2 sendok teh bumbu Italia
- 16 ons irisan pepperoni
- 3/4 cangkir paprika kuning dan oranye cincang halus
- 1/2 cangkir jamur segar cincang halus

Petunjuk arah:

a) Dalam wadah pencampur, kocok krim keju hingga halus. Campurkan bawang putih, krim asam, keju, dan bumbu Italia dalam mangkuk pencampur. Aduk hingga semuanya tercampur rata.

b) Oleskan campuran secara merata di antara 5 tepung tortilla. Tutupi seluruh tortilla dengan campuran keju.

c) Tempatkan lapisan pepperoni di atas campuran keju.

d) Tumpang tindih pepperoni dengan paprika dan jamur yang diiris kasar.

e) Gulung setiap tortilla dengan kencang dan bungkus dengan bungkus plastik.

f) Diamkan minimal 2 jam di lemari es.

KURSUS UTAMA MEDITERAN

26. Nasi Spanyol Italia

Porsi: 6

Bahan:

- 1- 28 ons kaleng tomat Italia yang dipotong dadu atau dihancurkan

- 3 cangkir nasi putih kukus jenis apa pun yang dimasak untuk dikemas

- 3 sendok makan canola atau minyak sayur

- 1 buah paprika iris dan bersihkan

- 2 siung bawang putih segar cincang

- 1/2 cangkir anggur merah atau sayuran atau kaldu

- 2 sendok makan peterseli segar cincang

- 1/2 sendok teh oregano kering dan basil kering

- garam, merica, cabai rawit secukupnya

- Hiasan: Parmesan parut dan keju campuran Romano

- Selain itu, Anda dapat menambahkan sisa makanan yang dimasak tanpa tulang: steak potong dadu, potongan daging babi, ayam potong dadu atau coba gunakan bakso yang dihancurkan atau irisan sosis Italia yang dimasak.

- Sayuran opsional: zucchini potong dadu, irisan jamur, wortel serut, kacang polong, atau jenis sayuran lain yang Anda suka.

Petunjuk arah:

a) Tambahkan minyak zaitun, paprika, dan bawang putih ke wajan besar dan masak selama 1 menit.

b) Tambahkan tomat potong dadu atau hancur, anggur, dan bahan yang tersisa ke dalam panci.

c) Didihkan selama 35 menit, atau lebih lama jika Anda menambahkan lebih banyak sayuran.

d) Jika menggunakan, tambahkan daging yang sudah disiapkan dan panaskan dalam saus selama sekitar 5 menit sebelum memasukkan nasi putih yang sudah dimasak.

e) Juga, jika menggunakan, dagingnya sudah matang dan hanya perlu dihangatkan dengan sausnya.

f) Untuk menyajikannya, tuangkan saus ke piring dengan nasi campur dan taburi dengan keju parut dan peterseli segar.

27. Italian Twist Paella

Porsi: 4

Bahan

- 2 paha ayam, kulitnya, kecoklatan

- 2 paha ayam, kulitnya, kecoklatan

- 3 potong besar sosis Italia, kecokelatan lalu potong 1 inci

- 1 paprika merah dan kuning, potong-potong dan panggang terlebih dahulu

- 1 ikat baby brokolini, rebus terlebih dahulu

- $1\frac{1}{2}$ cangkir nasi, butiran pendek seperti carnaroli atau arborio

- 4 cangkir kaldu ayam, hangatkan

- 1 cangkir pure paprika merah panggang

- cangkir anggur putih kering

- 1 bawang bombay sedang, potong dadu besar

- 4 siung besar bawang putih, serut

- parutan keju parmesan atau romano

- minyak zaitun

Petunjuk arah:

a) Mulailah dengan mencoklatkan potongan ayam Anda dalam wajan paella, mendapatkan kerak yang baik di kedua sisi dan hampir matang tetapi tidak cukup, lalu sisihkan.

b) Bersihkan sisa minyak dari wajan, lalu bersihkan sisa minyak dari tautan sosis.

c) Dalam wajan besar, gerimis minyak zaitun, lalu tambahkan bawang putih dan bawang bombay yang telah dicukur, dan tumis sampai lunak dan berwarna keemasan.

d) Tambahkan anggur dan biarkan mendidih selama satu menit.

e) Campurkan semua nasi dengan setengah dari pure paprika merah Anda, atau sedikit lebih banyak. Aduk hingga merata, lalu tekan adonan beras ke dasar panci.

f) Tambahkan keju parut, garam, dan merica ke dalam nasi.

g) Atur potongan sosis, bersama dengan potongan ayam, di sekitar wajan.

h) Atur sisa sayuran di sekitar daging dengan cara yang kreatif.

i) Sendok semua 4 cangkir kaldu hangat di atasnya dengan hati-hati.

j) Dengan menggunakan kuas kue, sapukan puree paprika merah ekstra di atas ayam untuk menambah rasa, beri sedikit lebih banyak di sekeliling jika diinginkan.

k) Masak dengan api kecil, tutup rapat dengan kertas timah, sampai uap airnya menguap.

l) Panaskan oven hingga 375 ° F dan panggang panci tertutup selama 15-20 menit untuk memastikan daging matang.

m) Lanjutkan memasak di atas kompor sampai nasi empuk.

n) Seluruh waktu harus sekitar 45 menit.

o) Diamkan selama beberapa menit agar dingin.

p) Hiasi dengan basil segar dan peterseli, cincang.

28. salad kentang spanyol

Porsi: 4

Bahan:

- 3 kentang sedang (16 ons)

- 1 wortel besar (3 ons), potong dadu

- 5 sendok makan kacang hijau kupas

- 2/3 cangkir (4 ons) kacang hijau

- 1/2 bawang bombay sedang, cincang

- 1 paprika merah kecil, cincang

- 4 koktail gherkin, iris

- 2 sendok makan caper bayi

- 12 buah zaitun isi ikan teri

- 1 telur matang, iris tipis 2/3 cangkir (5 fl. oz.) mayones

- 1 sendok makan jus lemon

- 1 sendok teh mustard Dijon

- Lada hitam yang baru digiling, secukupnya Peterseli cincang segar, untuk hiasan

Petunjuk arah:

a) Masak kentang dan wortel dalam air asin ringan dalam panci. Didihkan, lalu kecilkan api dan masak sampai hampir empuk.

b) Tambahkan kacang polong dan buncis dan didihkan, aduk sesekali, sampai semua sayuran lunak. Tiriskan sayuran dan letakkan di piring untuk disajikan.

c) Dalam mangkuk besar, campurkan bawang bombay, merica, gherkin, baby caper, zaitun isi ikan teri, dan potongan telur.

d) Campurkan mayones, jus lemon, dan mustard dalam mangkuk terpisah sepenuhnya. Tuangkan campuran ini ke piring saji dan aduk rata untuk melapisi semua Bahan. Aduk dengan sejumput garam dan merica.

e) Dinginkan setelah hiasi dengan peterseli cincang.

f) Untuk meningkatkan rasa salad, diamkan pada suhu kamar selama sekitar 1 jam sebelum disajikan.

29. Carbonara Spanyol

Porsi: 2-3

Bahan

- 1 chorizo kecil potong dadu
- 1 siung bawang putih cincang halus
- 1 buah tomat potong dadu kecil
- 1 kaleng garbanzo
- bumbu kering: garam, serpih Chili, oregano, biji adas, adas bintang
- pimenton (paprika) untuk telurnya
- minyak zaitun extra virgin
- 2 telur
- 4-6 ons. Semacam spageti
- keju Italia berkualitas baik

Petunjuk arah:

a) Dalam sedikit minyak zaitun, tumis bawang putih, tomat, dan chorizo selama beberapa menit, lalu tambahkan kacang dan bumbu cair dan kering. Didihkan, lalu kecilkan api menjadi rendah sampai cairannya berkurang setengahnya.

b) Sementara itu, didihkan air pasta dan siapkan telur untuk dimasukkan ke dalam panci dengan garbanzo dan ke dalam oven yang sudah dipanaskan. Untuk menambahkan rasa Spanyol itu, saya menaburkannya dengan campuran rempah-rempah dan pimenton yang sudah disiapkan.

c) Sekarang adalah saat yang tepat untuk menambahkan pasta ke dalam panci saat panci berada di dalam oven dan airnya mendidih. Keduanya harus siap pada saat yang sama.

30. Bakso saus tomat

Porsi: 4

Bahan:

- 2 sendok makan minyak zaitun
- 8 ons. daging giling
- 1 cangkir (2 ons) remah roti putih segar
- 2 sendok makan parutan keju Manchego atau Parmesan
- 1 sendok makan pasta tomat
- 3 siung bawang putih, cincang halus
- 2 daun bawang, cincang halus
- 2 sendok teh thyme segar cincang
- 1/2 sendok teh kunyit
- Garam dan merica, secukupnya
- 2 cangkir (16 ons) tomat prem kalengan, cincang
- 2 sendok makan anggur merah
- 2 sendok teh daun kemangi segar cincang
- 2 sendok teh rosemary segar cincang

Petunjuk arah:

a) Campurkan daging sapi, remah roti, keju, pasta tomat, bawang putih, daun bawang, telur, thyme, kunyit, garam, dan merica dalam mangkuk pencampur.

b) Bentuk campuran menjadi 12 hingga 15 bola padat dengan tangan Anda.

c) Dalam wajan, panaskan minyak zaitun dengan api sedang-tinggi. Masak selama beberapa menit, atau sampai bakso kecoklatan di semua sisi.

d) Dalam mangkuk besar, gabungkan tomat, anggur, kemangi, dan rosemary. Masak, aduk sesekali, selama sekitar 20 menit, atau sampai bakso matang.

e) Garam dan merica secukupnya, lalu sajikan dengan rapini, spageti, atau roti yang sudah direbus.

31.Sup Kacang Putih

Porsi: 4

Bahan:

- 1 bawang bombay cincang

- 2 sendok makan minyak zaitun

- 2 batang seledri cincang

- 3 siung bawang putih cincang

- 4 cangkir kacang cannellini kalengan

- 4 cangkir kaldu ayam

- Garam dan merica secukupnya

- 1 sendok teh rosemary segar

- 1 cangkir kuntum brokoli

- 1 sendok makan minyak truffle

- 3 sendok makan keju parmesan parut

Petunjuk arah:

a) Dalam wajan besar, panaskan minyak.

b) Masak seledri dan bawang bombay selama sekitar 5 menit dalam wajan.

c) Tambahkan bawang putih dan aduk untuk menggabungkan. Masak selama 30 detik lagi.

d) Masukkan kacang, 2 cangkir kaldu ayam, rosemary, garam, dan merica, serta brokoli.

e) Didihkan cairan lalu kecilkan api ke api kecil selama 20 menit.

f) Haluskan sup dengan blender tangan Anda sampai mencapai kehalusan yang diinginkan.

g) Kecilkan api menjadi rendah dan taburi minyak truffle.

h) Sendok sup ke dalam piring dan taburi dengan keju Parmesan sebelum disajikan.

32. Sup ikan

Porsi: 8

Bahan:

- 32 ons. bisa potong dadu tomat
- 2 sendok makan minyak zaitun
- cangkir seledri cincang
- cangkir kaldu ikan
- cangkir anggur putih
- 1 cangkir jus V8 pedas
- 1 paprika hijau cincang
- 1 bawang bombay cincang
- 4 siung bawang putih cincang
- Garam lada secukupnya
- 1 sendok teh bumbu Italia
- 2 wortel kupas dan iris
- 2 lb. potong ikan nila
- lb. udang kupas dan deveined

Petunjuk arah:

a) Dalam panci besar Anda, panaskan minyak zaitun terlebih dahulu.

b) Masak paprika, bawang merah, dan seledri selama 5 menit dalam wajan panas.

c) Setelah itu, tambahkan bawang putih. Masak selama 1 menit setelah itu.

d) Dalam mangkuk besar, gabungkan semua Bahan yang tersisa kecuali makanan laut.

e) Masak rebusan selama 40 menit dengan api kecil.

f) Tambahkan ikan nila dan udang dan aduk hingga rata.

g) Didihkan selama 5 menit tambahan.

h) Cicipi dan sesuaikan bumbu sebelum disajikan.

33. Pasta e Fagioli

Porsi: 10

Bahan:

- 1 pon daging giling
- 2 bawang bombay cincang
- sendok teh serpih paprika merah
- 3 sendok makan minyak zaitun
- 4 batang seledri cincang
- 2 siung bawang putih cincang
- 5 cangkir kaldu ayam
- 1 cangkir saus tomat
- 3 sendok makan pasta tomat
- 2 sendok teh oregano
- 1 sendok teh kemangi
- Garam dan merica secukupnya
- 1 15-oz. bisa kacang cannellini?
- 2 cangkir pasta Italia kecil yang dimasak

Petunjuk arah:

a) Dalam panci besar, goreng daging selama 5 menit, atau sampai tidak lagi berwarna merah muda. Hapus dari persamaan.

b) Dalam wajan besar, panaskan minyak zaitun dan masak bawang bombay, seledri, dan bawang putih selama 5 menit.

c) Tambahkan kaldu, saus tomat, pasta tomat, garam, merica, kemangi, dan serpihan paprika merah, dan aduk hingga tercampur.

d) Pasang tutup panci. Sup kemudian harus dibiarkan matang selama 1 jam.

e) Tambahkan daging sapi dan masak selama 15 menit lagi.

f) Tambahkan kacang dan aduk untuk menggabungkan. Setelah itu, masak selama 5 menit dengan api kecil.

g) Masukkan pasta yang sudah dimasak dan masak selama 3 menit, atau sampai panas.

34. Bakso dan Sup Tortellini

Porsi: 6

Bahan:

- 2 sendok makan minyak zaitun
- 1 bawang bombay potong dadu
- 3 siung bawang putih cincang
- Garam dan merica secukupnya
- 8 cangkir kaldu ayam
- 1 cangkir tomat potong dadu kalengan
- 1 cangkir kangkung cincang
- 1 cangkir kacang polong beku yang dicairkan
- 1 sendok teh kemangi yang dihancurkan
- 1 sendok teh oregano
- 1 daun salam
- 1 pon bakso yang dicairkan – apa saja
- 1 pon tortellini keju segar
- cangkir keju Parmesan parut

Petunjuk arah:

a) Dalam panci besar, panaskan minyak zaitun dan tumis bawang merah dan bawang putih selama 5 menit.

b) Dalam panci besar, gabungkan kaldu ayam, tomat cincang, kangkung, kacang polong, kemangi, oregano, garam, merica, dan daun salam.

c) Didihkan cairan selanjutnya. Setelah itu, masak selama 5 menit dengan api kecil.

d) Buang daun salam dan buang.

e) Didihkan selama 5 menit lagi setelah menambahkan bakso dan tortellini.

f) Last but not least, sajikan dalam mangkuk dengan keju parut di atasnya.

35. Ayam Marsala

Porsi: 4

Bahan:

- cangkir tepung
- Garam dan merica secukupnya
- sendok teh thyme
- 4 dada ayam tanpa tulang, ditumbuk
- cangkir mentega
- cangkir minyak zaitun
- 2 siung bawang putih cincang
- 1 cangkir irisan jamur
- 1 bawang bombay potong dadu kecil
- 1 cangkir marsala
- cangkir setengah dan setengah atau krim kental

Petunjuk arah:

a) Dalam mangkuk pencampur, campurkan tepung, garam, merica, dan thyme.

b) Dalam mangkuk terpisah, celupkan dada ayam ke dalam campuran.

c) Dalam wajan besar, lelehkan mentega dan minyak.

d) Masak bawang putih selama 3 menit dalam wajan.

e) Masukkan ayam dan masak selama 4 menit di setiap sisinya.

f) Dalam wajan, gabungkan jamur, bawang, dan marsala.

g) Masak ayam selama 10 menit dengan api kecil.

h) Pindahkan ayam ke piring saji.

i) Campurkan krim setengah setengah atau krim kental. Kemudian, saat memasak dengan suhu tinggi selama 3 menit, aduk terus.

j) Lumuri ayam dengan sausnya.

36. Ayam cheddar bawang putih

Porsi: 8

Bahan:

- cangkir mentega
- cangkir minyak zaitun
- cangkir keju parmesan parut
- cangkir remah roti Panko
- cangkir kerupuk Ritz yang dihancurkan
- 3 siung bawang putih cincang
- 1 keju cheddar tajam
- sendok teh bumbu Italia
- Garam dan merica secukupnya
- cangkir tepung
- 8 dada ayam

Petunjuk arah:

a) Panaskan oven hingga 350 derajat Fahrenheit.

b) Dalam wajan, lelehkan mentega dan minyak zaitun dan masak bawang putih selama 5 menit.

c) Dalam mangkuk besar, campurkan remah roti, kerupuk pecah, keju, bumbu, garam, dan merica.

d) Celupkan setiap potongan ayam ke dalam campuran mentega/minyak zaitun secepat mungkin.

e) Tepung ayam dan keruk di dalamnya.

f) Panaskan oven hingga 350 ° F dan lapisi ayam dengan campuran tepung roti.

g) Tempatkan setiap potongan ayam dalam loyang.

h) Gerimis campuran mentega/minyak di atasnya.

i) Panaskan oven hingga 350 ° F dan panggang selama 30 menit.

j) Untuk kerenyahan lebih lanjut, letakkan di bawah ayam pedaging selama 2 menit.

37. Ayam Fettuccini Alfredo

Porsi: 8

Bahan:

- 1 pon pasta fettuccine

- 6 dada ayam tanpa tulang, tanpa kulit, dipotong dadu dengan baik cangkir mentega, dibagi

- 5 siung bawang putih cincang

- 1 sendok teh thyme

- 1 sendok teh oregano

- 1 bawang bombay potong dadu

- 1 cangkir irisan jamur

- cangkir tepung

- Garam dan merica secukupnya

- 3 cangkir susu penuh

- 1 cangkir krim kental

- cangkir keju gruyere parut

- cangkir keju parmesan parut

Petunjuk arah:

a) Panaskan oven hingga 350 °F dan masak pasta sesuai dengan Petunjuk paket, sekitar 10 menit.

b) Dalam wajan, lelehkan 2 sendok makan mentega dan tambahkan kubus ayam, bawang putih, thyme, dan oregano, masak dengan api kecil selama 5 menit, atau sampai ayam tidak lagi berwarna merah muda. Menghapus.

c) Dalam wajan yang sama, cairkan sisa 4 sendok makan mentega dan tumis bawang bombay dan jamur.

d) Aduk tepung, garam, dan merica selama 3 menit.

e) Tambahkan krim kental dan susu. Aduk lagi selama 2 menit.

f) Aduk keju selama 3 menit dengan api kecil.

g) Kembalikan ayam ke wajan dan bumbui sesuai selera.

h) Masak selama 3 menit dengan api kecil.

i) Tuang saus di atas pasta.

38. Ziti dengan Sosis

Porsi: 8

Bahan:

- 1 pon sosis Italia hancur
- 1 cangkir irisan jamur
- cangkir seledri potong dadu
- 1 bawang bombay potong dadu
- 3 siung bawang putih cincang
- 42 ons. saus spageti yang dibeli di toko atau buatan sendiri
- Garam dan merica secukupnya
- sendok teh oregano
- sendok teh kemangi
- 1 pon pasta ziti mentah
- 1 cangkir keju mozzarella parut
- cangkir keju parmesan parut
- 3 sendok makan peterseli cincang

Petunjuk arah:

a) Dalam wajan, goreng sosis, jamur, bawang bombay, dan seledri selama 5 menit.

b) Setelah itu, tambahkan bawang putih. Masak selama 3 menit lagi. Hapus dari persamaan.

c) Tambahkan saus spageti, garam, merica, oregano, dan basil ke wajan terpisah.

d) Didihkan saus selama 15 menit.

e) Siapkan pasta di dalam panci sesuai dengan petunjuk kemasan saat saus dimasak. Mengeringkan.

f) Panaskan oven hingga 350 derajat Fahrenheit.

g) Dalam loyang, masukkan ziti, adonan sosis, dan mozzarella parut menjadi dua lapis.

h) Taburkan parsley dan keju parmesan di atasnya.

i) Panaskan oven hingga 350 ° F dan panggang selama 25 menit.

39. Sosis dan paprika

Porsi: 4

Bahan:

- 1 bungkus spageti

- 1 sendok makan minyak zaitun

- 4 tautan sosis Italia manis dipotong menjadi potongan-potongan kecil

- 2 buah paprika merah potong serong.

- 2 buah paprika hijau potong-potong

- 2 buah paprika oranye potong-potong

- 3 siung bawang putih cincang

- 1 sendok teh bumbu Italia

- Garam dan merica secukupnya

- 3 sendok makan minyak zaitun murni

- 12 ons. tomat potong dadu kalengan

- 3 sendok makan anggur merah

- 1/3 cangkir peterseli cincang

- cangkir keju Asiago parut

Petunjuk arah:

a) Masak spageti sesuai dengan Petunjuk paket, yang akan memakan waktu sekitar 5 menit. Mengeringkan

b) Dalam wajan, panaskan minyak zaitun dan goreng sosis selama 5 menit.

c) Letakkan sosis di piring saji.

d) Tambahkan paprika, bawang putih, bumbu Italia, garam, dan merica ke wajan yang sama.

e) Gerimis 3 sendok makan minyak zaitun di atas paprika.

f) Tambahkan tomat potong dadu dan anggur dan aduk untuk menggabungkan.

g) Tumis selama total 10 menit.

h) Sesuaikan bumbu dengan melemparkan spageti dengan paprika.

i) Tambahkan peterseli dan keju Asiago di atasnya.

40. Lasagna pedas

Porsi: 4

Bahan:

- 1 pon sosis Italia pedas yang dihancurkan
- 5 cangkir saus spageti yang dibeli di toko
- 1 cangkir saus tomat
- 1 sendok teh bumbu Italia
- cangkir anggur merah
- 1 sendok makan gula pasir
- 1 sendok makan minyak
- 5 sarung tangan bawang putih cincang
- 1 bawang bombay potong dadu
- 1 cangkir keju mozzarella parut
- 1 cangkir keju provolone parut
- 2 cangkir keju ricotta
- 1 cangkir keju cottage
- 2 butir telur besar
- cangkir susu
- 9 mie mie lasagna – setengah matang
- cangkir keju parmesan parut

Petunjuk arah:

a) Panaskan oven hingga 375 derajat Fahrenheit.

b) Dalam wajan, goreng sosis yang dihancurkan selama 5 menit. Setiap lemak harus dibuang.

c) Dalam panci besar, campur saus pasta, saus tomat, bumbu Italia, anggur merah, dan gula, lalu aduk rata.

d) Dalam wajan, panaskan minyak zaitun. Kemudian, selama 5 menit, tumis bawang putih dan bawang bombay.

e) Masukkan sosis, bawang putih, dan bawang bombay ke dalam saus.

f) Setelah itu, tutup panci dan biarkan mendidih selama 45 menit.

g) Dalam mangkuk pencampur, gabungkan keju mozzarella dan keju provolone.

h) Dalam mangkuk terpisah, gabungkan ricotta, keju cottage, telur, dan susu.

i) Dalam loyang 9 x 13, tuangkan 12 cangkir saus ke bagian bawah piring.

j) Sekarang atur mie, saus, ricotta, dan mozzarella di dalam loyang dalam tiga lapisan.

k) Oleskan keju parmesan di atasnya.

l) Panggang dalam wadah tertutup selama 30 menit.

m) Panggang lagi selama 15 menit setelah membuka piring.

41. Makan Malam Seafood Diavolo

Porsi: 4

Bahan:

- 1 pon udang besar kupas dan devein
- pon kerang bakar
- 3 sendok makan minyak zaitun
- sendok teh serpih paprika merah
- Garam secukupnya
- 1 bawang bombay iris kecil
- sendok teh thyme
- sendok teh oregano
- 2 fillet ikan teri yang dihancurkan
- 2 sendok makan pasta tomat
- 4 siung bawang putih cincang
- 1 cangkir anggur putih
- 1 sendok teh jus lemon
- 2 cangkir tomat potong dadu
- 5 sendok makan peterseli

Petunjuk arah:

a) Dalam mangkuk pencampur, campurkan udang, kerang, minyak zaitun, serpih paprika merah, dan garam.

b) Panaskan wajan hingga 350 ° F. Selama 3 menit, tumis seafood dalam satu lapisan. Ini adalah sesuatu yang bisa dilakukan secara berkelompok.

c) Letakkan udang dan kerang di piring saji.

d) Panaskan kembali wajan.

e) Selama 2 menit, tumis bawang bombay, herba, fillet ikan teri, dan pasta tomat.

f) Campurkan anggur, jus lemon, dan tomat potong dadu dalam mangkuk pencampur.

g) Didihkan cairan.

h) Atur suhu ke level rendah. Masak selama 15 menit setelah itu.

i) Kembalikan makanan laut ke wajan, bersama dengan peterseli.

j) Masak selama 5 menit dengan api kecil.

42. Linguine dan Udang Scampi

Porsi: 6

Bahan:

- 1 bungkus pasta linguine

- cangkir mentega

- 1 paprika merah cincang

- 5 siung bawang putih cincang

- 45 udang besar mentah dikupas dan dibuang cangkir anggur putih kering cangkir kaldu ayam

- 2 sendok makan jus lemon

- cangkir mentega

- 1 sendok teh serpih paprika merah yang dihancurkan

- sendok teh kunyit

- cangkir peterseli cincang

- Garam secukupnya

Petunjuk arah:

a) Masak pasta sesuai dengan petunjuk kemasan, yang akan memakan waktu sekitar 10 menit.

b) Tiriskan airnya dan sisihkan.

c) Dalam wajan besar, lelehkan mentega.

d) Masak paprika dan bawang putih dalam wajan selama 5 menit.

e) Tambahkan udang dan terus tumis selama 5 menit.

f) Angkat udang ke piring, tetapi simpan bawang putih dan merica di wajan.

g) Didihkan anggur putih, kaldu, dan jus lemon.

h) Kembalikan udang ke wajan dengan 14 cangkir lebih baik.

i) Tambahkan serpih paprika merah, kunyit, dan peterseli, dan bumbui dengan garam.

j) Didihkan selama 5 menit setelah diaduk dengan pasta.

43. Udang dengan Saus Krim Pesto

Porsi: 6

Bahan:

- 1 bungkus pasta linguine
- 1 sendok makan minyak zaitun
- 1 bawang bombay cincang
- 1 cangkir irisan jamur
- 6 siung bawang putih cincang
- cangkir mentega
- Garam dan merica secukupnya
- sendok teh cabai rawit
- 1 3/4 cangkir parutan Pecorino Romano
- 3 sendok makan tepung
- cangkir krim kental
- 1 cangkir pesto
- 1 pon udang matang, kupas dan buang kulitnya

Petunjuk arah:

a) Masak pasta sesuai dengan petunjuk kemasan, yang akan memakan waktu sekitar 10 menit. Mengeringkan.

b) Dalam wajan, panaskan minyak dan masak bawang dan jamur selama 5 menit.

c) Masak selama 1 menit setelah mengaduk bawang putih dan mentega.

d) Dalam wajan, tuangkan krim kental dan bumbui dengan garam, merica, dan cabai rawit.

e) Didihkan selama 5 menit lagi.

f) Tambahkan keju dan aduk hingga tercampur. Aduk terus hingga keju meleleh.

g) Kemudian, untuk mengentalkan saus, campurkan tepung.

h) Masak selama 5 menit dengan pesto dan udang.

i) Lapisi pasta dengan saus.

44. Sup Ikan dan Chorizo

Porsi: 4

Bahan:

- 2 kepala ikan (digunakan untuk memasak kaldu ikan)
- 500 gr fillet ikan, potong dadu
- 1 bawang bombay
- 1 siung bawang putih
- 1 cangkir anggur putih
- 2 sendok makan minyak zaitun
- 1 genggam peterseli (cincang)
- 2 cangkir kaldu ikan
- 1 genggam oregano (cincang)
- 1 sendok makan garam
- 1 sendok makan merica
- 1 seledri
- 2 kaleng tomat (tomat)
- 2 cabai merah
- 2 sosis chorizo
- 1 sendok makan paprika
- 2 lembar daun salam

Petunjuk arah:

a) Bersihkan kepala ikan. Insang harus dibuang. Bumbui dengan garam. Masak selama 20 menit dengan suhu rendah. Hapus dari persamaan.

b) Dalam panci, tuangkan minyak zaitun. Campurkan bawang merah, daun salam, bawang putih, chorizo, dan paprika dalam mangkuk besar. 7 menit di dalam oven

c) Dalam mangkuk besar, campurkan cabai merah, tomat, seledri, merica, garam, oregano, kaldu ikan, dan anggur putih.

d) Masak selama total 10 menit.

e) Masukkan ikan. 4 menit di dalam oven

f) Gunakan nasi sebagai lauk.

g) Tambahkan peterseli sebagai hiasan.

45. Ratatouille Spanyol

Porsi: 4

Bahan:

- 1 paprika merah (potong dadu)
- 1 bawang bombay ukuran sedang (iris atau cincang)
- 1 siung bawang putih
- 1 buah zucchini (cincang)
- 1 paprika hijau (potong dadu)
- 1 sendok makan garam
- 1 sendok makan merica
- 1 kaleng tomat (cincang)
- 3 sendok makan minyak zaitun
- 1 percikan anggur putih
- 1 genggam peterseli segar

Petunjuk arah:

a) Dalam panci, tuangkan minyak zaitun.

b) Masukkan bawang bombay. Biarkan 4 menit waktu menggoreng dengan api sedang.

c) Masukkan bawang putih dan paprika. Biarkan lagi 2 menit menggoreng.

d) Masukkan zucchini, tomat, anggur putih, dan bumbui dengan garam dan merica.

e) Masak selama 30 menit atau sampai matang.

f) Hiasi dengan peterseli, jika diinginkan.

g) Sajikan dengan nasi atau roti panggang sebagai lauk.

h) Menikmati!!!

46. Rebusan kacang dan chorizo

Porsi: 3

Bahan:

- 1 wortel (potong dadu)

- 3 sendok makan minyak zaitun

- 1 bawang bombay ukuran sedang

- 1 paprika merah

- 400g kacang fabes kering

- 300 gram sosis chorizo

- 1 paprika hijau

- 1 cangkir peterseli (cincang)

- 300 gr tomat (potong dadu)

- 2 cangkir kaldu ayam

- 300 gram paha ayam (fillet)

- 6 siung bawang putih

- 1 buah kentang ukuran sedang (potong dadu)

- 2 sendok makan thyme

- 2 sendok makan garam sesuai selera

- 1 sendok makan merica

Petunjuk arah:

a) Dalam wajan, tuangkan minyak sayur. Masukkan bawang bombay. Biarkan 2 menit waktu menggoreng dengan api sedang.

b) Dalam mangkuk besar, campurkan bawang putih, wortel, paprika, chorizo, dan paha ayam. Biarkan 10 menit untuk memasak.

c) Masukkan thyme, kaldu ayam, kacang-kacangan, kentang, tomat, peterseli, dan bumbui dengan garam dan merica.

d) Masak selama 30 menit, atau sampai kacang empuk dan rebusan mengental.

47. Gazpacho

Porsi: 6

Bahan:

- 2 pon tomat matang, cincang
- 1 buah paprika merah (potong dadu)
- 2 siung bawang putih (haluskan)
- 1 sendok makan garam
- 1 sendok makan merica
- 1 sendok makan jinten (halus)
- 1 cangkir bawang merah (cincang)
- 1 lada Jalapeno ukuran besar
- 1 cangkir minyak zaitun
- 1 jeruk nipis 1 mentimun ukuran sedang
- 2 sendok makan cuka
- 1 cangkir tomat (jus)
- 1 sendok makan saus Worcestershire
- 2 sendok makan kemangi segar (iris)
- 2 potong roti

Petunjuk arah:

a) Dalam mangkuk pencampur, campurkan mentimun, tomat, paprika, bawang merah, bawang putih, jalapeo, garam, dan jinten. Aduk semuanya bersama-sama sepenuhnya.

b) Dalam blender, campurkan minyak zaitun, cuka, saus Worcestershire, air jeruk nipis, jus tomat, dan roti. Blender sampai campuran benar-benar halus.

c) Masukkan adonan yang sudah diblender ke dalam adonan asal menggunakan saringan.

d) Pastikan untuk sepenuhnya menggabungkan semuanya.

e) Sendok setengah dari campuran ke dalam blender dan haluskan. Blender sampai campuran benar-benar halus.

f) Kembalikan campuran campuran ke sisa campuran. Aduk semuanya bersama-sama sepenuhnya.

g) Dinginkan mangkuk selama 2 jam setelah ditutup.

h) Setelah 2 jam, angkat mangkuk. Bumbui campuran dengan garam dan merica. Taburkan basil di atas piring.

i) Melayani.

48. Cumi dan Nasi

Porsi: 4

Bahan:

- 6 ons. makanan laut (pilihan Anda)

- 3 siung bawang putih

- 1 bawang bombay ukuran sedang (iris)

- 3 sendok makan minyak zaitun

- 1 paprika hijau (iris)

- 1 sendok makan tinta cumi

- 1 ikat peterseli

- 2 sendok makan paprika

- 550 gram cumi-cumi (bersihkan)

- 1 sendok makan garam

- 2 seledri (potong dadu)

- 1 lembar daun salam segar

- 2 buah tomat ukuran sedang (parut)

- 300g nasi calasparra

- 125ml anggur putih

- 2 cangkir kaldu ikan

- 1 jeruk nipis

Petunjuk arah:

a) Dalam wajan, tuangkan minyak zaitun. Campurkan bawang merah, daun salam, merica, dan bawang putih dalam mangkuk pencampur. Biarkan beberapa menit menggoreng.

b) Masukkan cumi dan seafood. Masak beberapa menit, lalu angkat cumi/seafood.

c) Dalam mangkuk besar, campurkan paprika, tomat, garam, seledri, anggur, dan peterseli. Biarkan 5 menit hingga sayuran selesai dimasak.

d) Masukkan beras yang sudah dicuci ke dalam panci. Campurkan kaldu ikan dan tinta cumi dalam mangkuk pencampur.

e) Masak selama total 10 menit. Campurkan makanan laut dan cumi-cumi dalam mangkuk besar.

f) Masak selama 5 menit lagi.

g) Sajikan dengan aioli atau lemon.

49. Rebusan kelinci dalam tomat

Porsi: 5

Bahan:

- 1 ekor kelinci utuh, potong-potong
- 1 daun salam
- 2 bawang bombay ukuran besar
- 3 siung bawang putih
- 2 sendok makan minyak zaitun
- 1 sendok makan paprika manis
- 2 tangkai rosemary segar
- 1 kaleng tomat
- 1 tangkai thyme
- 1 cangkir anggur putih
- 1 sendok makan garam
- 1 sendok makan merica

Petunjuk arah:

a) Dalam wajan, panaskan minyak zaitun dengan api sedang-tinggi.

b) Panaskan minyak dan masukkan potongan kelinci. Goreng sampai potongan berwarna cokelat merata.

c) Hapus setelah selesai.

d) Tambahkan bawang merah dan bawang putih ke dalam wajan yang sama. Masak hingga benar-benar empuk.

e) Dalam mangkuk besar, campurkan thyme, paprika, rosemary, garam, merica, tomat, dan daun salam. Biarkan 5 menit untuk memasak.

f) Masukkan potongan kelinci dengan anggur. Masak, tutup, selama 2 jam, atau sampai potongan kelinci matang dan saus mengental.

g) Sajikan dengan kentang goreng atau roti panggang.

50. Udang dengan Adas

Porsi: 3

Bahan:

- 1 sendok makan garam
- 1 sendok makan merica
- 2 siung bawang putih (iris)
- 2 sendok makan minyak zaitun
- 4 sendok makan manzanilla sherry
- 1 bohlam adas
- 1 genggam batang peterseli
- 600 gram tomat ceri
- 15 ekor udang ukuran besar, kupas
- 1 cangkir anggur putih

Petunjuk arah:

a) Dalam panci besar, panaskan minyak. Tempatkan siung bawang putih yang sudah dipotong ke dalam mangkuk. Biarkan menggoreng sampai bawang putih berwarna cokelat keemasan.

b) Tambahkan adas dan peterseli ke dalam campuran. Masak selama 10 menit dengan api kecil.

c) Dalam mangkuk besar, gabungkan tomat, garam, merica, sherry, dan anggur. Didihkan selama 7 menit, atau sampai saus kental.

d) Letakkan udang yang sudah dikupas di atasnya. Masak selama 5 menit, atau sampai udang berubah warna menjadi merah muda.

e) Hiasi dengan taburan daun peterseli.

f) Sajikan dengan sisi roti.

SALADS mediterania

51. Salad Artichoke Renyah dengan Lemon Vinaigrette

MELAYANI 4

Bahan:

- 3 cangkir artichoke bayi utuh dikemas dalam air, dibelah dua, dibilas, dan ditepuk kering

- 3 sendok makan tepung maizena

- 1 cangkir minyak zaitun extra-virgin untuk menggoreng

- 1 sendok makan jus lemon

- sendok teh mustard Dijon

- sendok teh bawang merah cincang

- Sejumput garam meja

- 4 sendok teh minyak zaitun extra-virgin

- 2 ons (2 cangkir) mizuna atau baby arugula

- cangkir kacang polong beku, dicairkan

- 1 sendok teh Za'atar

Petunjuk arah:

a) Aduk artichoke dengan tepung jagung dalam mangkuk untuk melapisi. Panaskan 1 cangkir minyak dalam wajan 12 inci di atas api sedang sampai berkilauan.

b) Kocok tepung jagung berlebih dari artichoke dan tambahkan dengan hati-hati ke wajan dalam satu lapisan. Masak, aduk sesekali, hingga berwarna keemasan dan garing seluruhnya, 5 hingga 7 menit. Dengan menggunakan sendok berlubang, pindahkan artichoke ke piring berlapis handuk kertas hingga agak dingin, sekitar 10 menit.

c) Pukul jus lemon, mustard, bawang merah, dan garam bersama-sama dalam mangkuk. Kocok terus, perlahan gerimis dalam 4 sendok teh minyak sampai emulsi.

d) Aduk mizuna, kacang polong, dan 2 sendok makan vinaigrette bersama-sama dalam mangkuk besar. Pindahkan ke piring saji dan taburi dengan artichoke, gerimis dengan sisa vinaigrette, dan taburi dengan za'atar. Melayani.

52. Salad Wortel dan Salmon Asap

MELAYANI 4 SAMPAI 6

Bahan:

- 2 pon wortel dengan sayuran hijau, dibagi, cangkir sayuran cincang

- 5 sendok makan cuka sari, dibagi

- 1 sendok makan gula

- sendok teh ditambah sendok teh garam meja, dibagi

- cangkir minyak zaitun extra-virgin, dibagi

- sendok teh lada

- 1 jeruk bali merah

- 2 sendok makan dill segar cincang

- 2 sendok teh mustard Dijon

- 2 kepala endive Belgia (masing-masing 4 ons), dibelah dua, buang biji, dan diiris setebal inci

- 8 ons salmon asap

Petunjuk arah:

a) Sesuaikan rak oven ke posisi terendah dan panaskan oven hingga 450 derajat. Kupas dan cukur 4 ons wortel menjadi pita tipis dengan pengupas sayuran; menyisihkan. Kupas dan iris wortel yang tersisa pada bias setebal inci; menyisihkan.

b) Microwave cangkir cuka, gula, dan sendok teh garam dalam mangkuk sampai mendidih, 1 hingga 2 menit. Masukkan wortel serut, lalu diamkan, aduk sesekali, selama 45 menit. (Wortel acar yang dikeringkan dapat didinginkan hingga 5 hari.)

c) Masukkan wortel yang sudah diiris dengan 1 sendok makan minyak, merica, dan sendok teh garam ke dalam mangkuk, lalu oleskan dalam satu lapisan di atas loyang berbingkai, potong menghadap ke bawah. Panggang sampai empuk dan bagian bawahnya berwarna kecokelatan, 15 hingga 25 menit. Biarkan agak dingin, sekitar 15 menit.

d) Sementara itu, potong kulit dan empulur dari jeruk bali. Seperempat jeruk bali, lalu iris melintang menjadi potongan setebal inci.

e) Kocok dill, mustard, sisa 1 sendok makan cuka, dan sisa sendok teh garam bersama-sama dalam mangkuk besar. Aduk terus, gerimis perlahan dengan sisa 3 sendok makan minyak hingga mengemulsi. Tambahkan endive, wortel hijau, wortel panggang, wortel acar, dan jeruk bali dan aduk untuk digabungkan; bumbui dengan garam dan merica sesuai selera. Atur salmon di sekitar tepi piring saji, lalu pindahkan salad ke tengah piring. Melayani.

53. Salad Bit dengan Yogurt Berbumbu dan Selada Air

MELAYANI 4 SAMPAI 6

Bahan:

- 2 pon bit, dipangkas, dikupas, dan dipotong-potong inci

- $1\frac{1}{8}$ sendok teh garam meja, dibagi

- $1\frac{1}{4}$ cangkir yogurt Yunani polos

- cangkir ketumbar segar cincang, dibagi

- 3 sendok makan minyak zaitun extra-virgin, dibagi

- 2 sendok teh parutan jahe segar

- 1 sendok teh kulit jeruk nipis parut ditambah 2 sendok makan jus, dibagi

- 1 siung bawang putih, cincang

- sendok teh jinten tanah

- sendok teh ketumbar tanah

- sendok teh lada

- 5 ons (5 cangkir) selada air, sobek-sobek menjadi potongan-potongan kecil

- cangkir pistachio kupas, panggang dan cincang, dibagi

Petunjuk arah:

a) Campurkan bit, gelas air, dan sendok teh garam dalam mangkuk besar. Tutup dan microwave sampai bit dapat dengan mudah ditusuk dengan pisau pengupas, 25 sampai 30 menit, aduk setengah jalan melalui microwave. Tiriskan bit dalam saringan dan biarkan dingin.

b) Kocok yogurt, 3 sendok makan ketumbar, 2 sendok makan minyak, jahe, kulit jeruk nipis dan 1 sendok makan jus, bawang putih, jinten, ketumbar, merica, dan sendok teh garam bersama-sama dalam mangkuk. Perlahan aduk hingga 3 sendok makan air sampai campuran memiliki konsistensi yogurt biasa. Bumbui dengan garam dan merica sesuai selera. Oleskan campuran yogurt di atas piring saji.

c) Aduk selada air dengan 2 sendok makan pistachio, 2 sendok teh minyak, 1 sendok teh air jeruk nipis, dan sejumput garam dalam mangkuk besar. Atur campuran selada air di atas campuran yogurt, sisakan batas 1 inci campuran yogurt. Aduk bit dengan sisa 1 sendok teh minyak, sisa 2 sendok teh air jeruk nipis, dan sisa garam sejumput ke dalam mangkuk yang sekarang kosong.

d) Susun campuran bit di atas campuran selada air. Taburi salad dengan sisa 1 sendok makan daun ketumbar dan sisa 2 sendok makan pistachio dan sajikan.

54. Fattoush dengan Butternut Squash dan Apple

MELAYANI 4

Bahan:

- 2 roti pita (8 inci), dibelah dua melintang

- cangkir minyak zaitun extra-virgin, dibagi

- ditambah sendok teh garam meja, dibagi

- sendok teh lada

- 2 paun butternut squash, kupas, buang bijinya, dan potong inci

- 3 sendok makan jus lemon

- 4 sendok teh sumac giling, ditambah ekstra untuk disajikan

- 1 siung bawang putih, cincang

- 1 apel, buang bijinya dan potong inci

- kepala radicchio, buang biji dan cincang (1 cangkir)

- cangkir peterseli segar cincang

- 4 daun bawang, iris tipis

Petunjuk arah:

a) Sesuaikan rak oven ke posisi tengah dan terendah dan panaskan oven hingga 375 derajat. Menggunakan gunting dapur, potong keliling setiap pita dan pisahkan menjadi 2 putaran tipis. Potong setiap putaran menjadi dua.

b) Tempatkan pitas sisi halus ke bawah di rak kawat yang diatur dalam loyang berbingkai. Olesi sisi kasar pitas secara merata dengan 3 sendok makan minyak, lalu taburi dengan sendok teh garam dan merica.

c) Panggang di rak atas sampai pitas renyah dan berwarna cokelat keemasan pucat, 8 hingga 12 menit. Biarkan dingin sepenuhnya.

d) Tingkatkan suhu oven hingga 450 derajat. Aduk labu dengan 1 sendok makan minyak dan sendok teh garam. Sebarkan di lapisan yang rata di atas loyang berbingkai dan panggang di rak bawah sampai kecoklatan dan empuk, 20 hingga 25 menit, aduk di tengah jalan. Sisihkan hingga agak dingin, sekitar 10 menit.

e) Kocok jus lemon, sumac, bawang putih, dan sisa sendok teh garam bersama-sama dalam mangkuk kecil dan diamkan selama 10 menit. Kocok terus, perlahan gerimis dalam sisa cangkir minyak.

f) Pecahkan pitas yang sudah dingin menjadi potongan inci dan tempatkan dalam mangkuk besar. Tambahkan labu panggang, apel, radicchio, peterseli, dan daun bawang. Gerimis saus di atas salad dan aduk perlahan untuk melapisi. Bumbui dengan garam dan merica sesuai selera. Sajikan, taburi porsi individu dengan sumac ekstra.

55. Panzanella dengan Fiddleheads

MELAYANI 4

Bahan:

- 1 pon fiddlehead, dipangkas dan dibersihkan

- sendok teh garam meja, dibagi, ditambah garam untuk merebus fiddlehead

- 6 ons ciabatta atau roti penghuni pertama, potong inci (4 cangkir)

- cangkir minyak zaitun extra-virgin, dibagi

- 1 siung bawang putih, cincang untuk tempel

- sendok teh lada, dibagi

- cangkir cuka anggur merah

- 5 ons tomat anggur, dibelah dua

- 2 ons keju kambing, hancurkan ($\frac{1}{2}$ cangkir)

- cangkir kemangi segar cincang

Petunjuk arah:

a) Bawa 4 liter air mendidih dalam panci besar. Isi setengah mangkuk besar dengan es dan air. Tambahkan fiddlehead dan 1 sendok makan garam ke dalam air mendidih dan masak hingga empuk, sekitar 5 menit.

b) Dengan menggunakan spider skimmer atau sendok berlubang, pindahkan fiddlehead ke penangas es dan diamkan hingga dingin, sekitar 2 menit. Pindahkan fiddlehead ke piring yang dilapisi dengan tiga lapis handuk kertas dan keringkan dengan baik.

c) Aduk roti, 3 sendok makan air, dan sendok teh garam bersama-sama dalam mangkuk besar, remas roti dengan lembut sampai air terserap. Masak campuran roti dan cangkir minyak dalam wajan antilengket 12 inci di atas api sedang-tinggi, sering diaduk, sampai kecoklatan dan renyah, 7 hingga 10 menit.

d) Matikan api, dorong roti ke sisi wajan. Tambahkan 1 sendok makan minyak, bawang putih, dan sendok teh merica dan masak menggunakan sisa panas wajan, tumbuk campuran ke dalam wajan, sampai harum, sekitar 10 detik. Aduk roti ke dalam campuran bawang putih, lalu pindahkan crouton ke mangkuk hingga agak dingin, sekitar 5 menit.

e) Kocok cuka, sisa 3 sendok makan minyak, sisa sendok teh garam, dan sisa sendok teh merica dalam mangkuk besar hingga tercampur. Tambahkan fiddleheads, crouton, dan tomat dan aduk perlahan untuk melapisi. Bumbui dengan garam dan merica sesuai selera. Pindahkan ke piring saji dan taburi dengan keju kambing dan basil. Melayani.

56. Sayuran Cincang dan Salad Buah Batu

MELAYANI 4 SAMPAI 6

Bahan:

- 1 pon buah plum matang tapi keras, nektarin, persik, atau aprikot, dibelah dua, diadu, dan dicincang

- sendok teh ditambah sendok teh garam meja, dibagi

- sendok teh gula pasir

- 2 sendok makan minyak zaitun extra-virgin

- 2 sendok makan jus lemon

- sendok teh lada

- 4 mentimun Persia, dipotong empat memanjang dan dicincang

- 1 paprika merah, bertangkai, buang bijinya, dan cincang

- 4 lobak, dipotong dan dicincang

- cangkir mint segar cincang

- cangkir peterseli segar cincang

- 1 bawang merah, cincang

- 2 sendok teh sumac

Petunjuk arah:

a) Aduk plum dengan sendok teh garam dan gula dalam mangkuk.

b) Pindahkan ke saringan halus dan biarkan mengalir selama 15 menit, aduk sesekali.

c) Kocok minyak, jus lemon, merica, dan sisa sendok teh garam bersama-sama dalam mangkuk besar. Tambahkan plum kering, mentimun, paprika, lobak, mint, peterseli, bawang merah, dan sumac dan aduk perlahan hingga tercampur.

d) Bumbui dengan garam dan merica secukupnya, dan sajikan segera.

57. Salad Peterseli-Mentimun dengan Feta

MELAYANI 4 SAMPAI 6 | 15 MENIT

Bahan:

- 1 sendok makan molase delima
- 1 sendok makan cuka anggur merah
- sendok teh garam meja
- sendok teh lada
- Sejumput cabai rawit
- 3 sendok makan minyak zaitun extra-virgin
- 3 cangkir daun peterseli segar
- 1 mentimun Inggris, dibelah dua memanjang dan diiris tipis
- 1 cangkir kenari, panggang dan cincang kasar, dibagi
- 1 cangkir biji delima, dibagi
- 4 ons keju feta, iris tipis

Petunjuk arah:

a) Kocok molase delima, cuka, garam, merica, dan cabai rawit bersama-sama dalam mangkuk besar. Kocok terus, perlahan gerimis dalam minyak sampai emulsi.

b) Tambahkan peterseli, mentimun, cangkir kenari, dan cangkir biji delima dan aduk hingga rata. Bumbui dengan garam dan merica sesuai selera.

c) Pindahkan ke piring saji dan taburi dengan feta, sisa cangkir kenari, dan sisa cangkir biji delima.

d) Melayani.

58. Salad Kacang Tiga

MELAYANI 4

Bahan:

- 4 ons kacang polong gula, buang talinya, potong bias menjadi potongan inci

- sendok teh ditambah sejumput garam meja, dibagi, ditambah garam untuk blansing

- 9 ons kacang polong Inggris, dikupas (cangkir)

- 5 sendok makan minyak zaitun extra-virgin, dibagi

- cangkir yogurt Yunani polos

- 2 sendok makan ditambah 1 sendok teh jus lemon, dibagi

- 1 siung bawang putih, cincang

- 2 sendok teh mustard Dijon

- sendok teh lada

- 2 ons (2 cangkir) arugula bayi

- 4 ons kacang polong salju, buang talinya, iris tipis pada bias

- 4 lobak, dipotong, dibelah dua, dan diiris tipis

- cangkir daun mint segar, sobek jika besar

Petunjuk arah:

a) Isi mangkuk besar setengah dengan es dan air. Saringan sarang ke dalam penangas es. Didihkan 1 liter air dalam panci sedang di atas api besar.

b) Tambahkan kacang polong dan 1 sendok makan garam dan masak sampai kacang polong berwarna hijau cerah dan empuk, sekitar 1 menit.

c) Menggunakan skimmer laba-laba atau sendok berlubang, pindahkan kacang polong ke saringan yang dipasang di penangas es. Tambahkan kacang polong Inggris ke dalam air mendidih dan masak sampai hijau cerah dan empuk, sekitar $1\frac{1}{2}$ menit.

d) Pindahkan ke saringan dengan kacang polong dan diamkan sampai dingin, sekitar 5 menit. Angkat saringan dari penangas es dan pindahkan kacang polong ke piring yang dilapisi dengan tisu tiga lapis dan keringkan dengan baik; menyisihkan.

e) Kocok cangkir minyak, yogurt, 2 sendok makan jus lemon, bawang putih, mustard, merica, dan sendok teh garam bersama-sama dalam mangkuk. Oleskan campuran yogurt di atas piring saji.

f) Aduk arugula, kacang polong salju, lobak, mint, dan kacang polong dingin dengan sisa 1 sendok teh jus lemon, sisa garam sejumput, dan sisa 1 sendok makan minyak dalam mangkuk besar yang terpisah.

g) Susun salad di atas campuran yogurt. Sajikan segera, kombinasikan salad dengan campuran yogurt saat Anda menyajikannya.

59. Salad Ubi Jalar dengan almond

MENYAJIKAN 6

Bahan:

- 3 paun ubi jalar, dikupas dan dipotong-potong inci

- 6 sendok makan minyak zaitun extra-virgin, dibagi

- 2 sendok teh garam meja

- 3 daun bawang, iris tipis

- 3 sendok makan air jeruk nipis (2 jeruk nipis)

- 1 cabai jalapeo, bertangkai, buang bijinya, dan cincang

- 1 sendok teh jinten tanah

- 1 sendok teh paprika asap

- 1 sendok teh merica

- 1 siung bawang putih, cincang

- sendok teh bubuk allspice

- cangkir daun dan batang ketumbar segar, cincang kasar

- cangkir almond utuh, panggang dan cincang

Petunjuk arah:

a) Sesuaikan rak oven ke posisi tengah dan panaskan oven hingga 450 derajat. Lumuri kentang dengan 2 sendok makan minyak dan garam, lalu pindahkan ke loyang berbingkai dan ratakan. Panggang sampai kentang empuk dan baru mulai berwarna cokelat, 30 hingga 40 menit, aduk hingga setengah matang. Biarkan kentang dingin selama 30 menit.

b) Sementara itu, gabungkan daun bawang, air jeruk nipis, jalapeo, jinten, paprika, merica, bawang putih, allspice, dan sisa cangkir minyak dalam mangkuk besar. Tambahkan daun ketumbar, almond, dan kentang dan aduk untuk digabungkan. Melayani.

60. Horiatiki Salata

MELAYANI 4

Bahan:

- $1\frac{3}{4}$ pon tomat matang, buang bijinya

- $1\frac{1}{4}$ sendok teh garam meja, dibagi

- bawang merah, iris tipis

- 2 sendok makan cuka anggur merah

- 1 sendok teh oregano kering, ditambah ekstra untuk bumbu

- sendok teh lada

- 1 mentimun Inggris, dipotong empat memanjang dan dipotong menjadi inci

- 1 paprika hijau, bertangkai, buang bijinya, dan potong menjadi 2 setrip inci

- 1 cangkir zaitun Kalamata diadu

- 2 sendok makan caper, dibilas

- cangkir minyak zaitun extra-virgin, ditambah ekstra untuk gerimis

- 1 (8 ons) blok keju feta, diiris menjadi segitiga setebal inci

Petunjuk arah:

a) Potong tomat menjadi irisan setebal inci. Potong irisan menjadi dua melintang.

b) Aduk tomat dan sendok teh garam bersama-sama dalam saringan yang diatur dalam mangkuk besar. Biarkan tiriskan selama 30 menit. Tempatkan bawang dalam mangkuk kecil, tutup dengan air es, dan diamkan selama 15 menit.

c) Kocok cuka, oregano, merica, dan sisa sendok teh garam bersama-sama dalam mangkuk kecil kedua.

d) Buang jus tomat dan pindahkan tomat ke mangkuk yang sekarang kosong. Tiriskan bawang dan tambahkan ke mangkuk dengan tomat.

e) Tambahkan campuran cuka, mentimun, paprika, zaitun, dan caper dan aduk untuk digabungkan. Gerimis dengan minyak dan aduk perlahan untuk melapisi.

f) Bumbui dengan garam dan merica sesuai selera. Pindahkan ke piring saji dan taburi dengan feta. Bumbui setiap irisan feta dengan oregano ekstra secukupnya, dan gerimis dengan minyak ekstra. Melayani.

61. Salad Feta, Jicama, dan Tomat

MELAYANI 4

Bahan:

- $1\frac{3}{4}$ pon tomat matang, buang bijinya

- sendok teh garam meja, ditambah garam untuk mengasinkan sayuran

- bawang merah, iris tipis

- 3 sendok makan air jeruk nipis (2 jeruk nipis)

- $1\frac{1}{4}$ sendok teh oregano kering, dibagi

- cangkir ketumbar segar cincang, dibagi

- sendok teh lada

- 12 ons bengkuang, dikupas dan dipotong-potong inci

- 6 lobak, dipangkas dan dipotong-potong inci

- 1 cangkir zaitun Kalamata diadu

- cangkir minyak zaitun extra-virgin, ditambah ekstra untuk gerimis

- 1 (8 ons) blok keju feta, diiris menjadi segitiga setebal inci

Petunjuk arah:

a) Potong tomat menjadi irisan setebal inci. Potong irisan menjadi dua melintang.

b) Aduk tomat dan sendok teh garam bersama-sama dalam saringan yang diatur dalam mangkuk besar. Biarkan tiriskan selama 30 menit. Tempatkan bawang dalam mangkuk kecil, tutup dengan air es, dan diamkan selama 15 menit. Kocok air jeruk nipis, 1 sendok teh oregano, cangkir daun ketumbar, merica, dan sisa sendok teh garam di mangkuk kecil kedua.

c) Buang jus tomat dan pindahkan tomat ke mangkuk yang sekarang kosong. Tiriskan bawang dan tambahkan ke mangkuk dengan tomat. Tambahkan campuran jeruk nipis, bengkuang, lobak, dan zaitun dan aduk untuk digabungkan.

d) Gerimis dengan minyak dan aduk perlahan untuk melapisi. Bumbui dengan garam dan merica sesuai selera. Pindahkan ke piring saji dan taburi dengan feta.

e) Taburkan feta secara merata dengan sisa sendok teh oregano dan sisa cangkir daun ketumbar. Sajikan, gerimis dengan minyak ekstra.

62. Salad Squash Pattypan Panggang

Bahan:

pesto

- 1 ons dandelion hijau, dipotong dan disobek menjadi potongan-potongan kecil

- 3 sendok makan biji bunga matahari panggang

- 3 sendok makan air

- 1 sendok makan sirup maple

- 1 sendok makan cuka sari

- 1 siung bawang putih, cincang

- sendok teh garam meja

- sendok teh serpih paprika merah

- cangkir minyak zaitun extra-virgin

salad

- 2 sendok makan minyak zaitun extra-virgin

- 2 sendok teh sirup maple

- sendok teh garam meja

- sendok teh lada

- $1\frac{1}{2}$ pon baby pattypan squash, dibelah dua secara horizontal

- 4 tongkol jagung, biji dipotong dari tongkolnya

- 1 pon tomat matang, buang bijinya, potong menjadi irisan setebal inci, dan irisan dibelah dua melintang

- 1 ons dandelion hijau, dipotong dan disobek menjadi potongan-potongan kecil (1 cangkir)

- 2 sendok makan biji bunga matahari panggang

Petunjuk arah:

a) Untuk pesto: Sesuaikan rak oven ke posisi terendah, letakkan loyang berbingkai di rak, dan panaskan oven hingga 500 derajat. Proses dandelion hijau, biji bunga matahari, air, sirup maple, cuka, bawang putih, garam, dan merica serpih dalam food processor sampai halus, sekitar 1 menit, mengikis sisi mangkuk sesuai kebutuhan. Dengan prosesor berjalan, perlahan gerimis dalam minyak sampai dimasukkan.

b) Untuk salad: Kocok minyak, sirup maple, garam, dan merica dalam mangkuk besar. Tambahkan labu dan jagung dan aduk untuk melapisi. Bekerja dengan cepat, sebarkan sayuran dalam satu lapisan di atas lembaran panas, susun potongan labu menghadap ke bawah.

c) Panggang sampai sisi potongan labu kecoklatan dan empuk, 15 hingga 18 menit. Pindahkan loyang ke rak kawat dan biarkan agak dingin, sekitar 15 menit.

d) Campurkan labu panggang dan jagung, setengah dari pesto, tomat, dan dandelion hijau dalam mangkuk besar dan aduk perlahan untuk menggabungkan.

e) Gerimis dengan sisa pesto dan taburi dengan biji bunga matahari. Melayani.

PENUTUP mediterania

63. Cokelat Panna Cotta

5 porsi

Bahan:

- 500 ml krim kental
- 10 gr gelatin
- 70 gr coklat hitam
- 2 sendok makan yogurt
- 3 sendok makan gula pasir
- sejumput garam

Petunjuk arah:

a) Dalam sedikit krim, rendam gelatin.

b) Dalam panci kecil, tuangkan sisa krim. Didihkan gula dan yogurt, aduk sesekali, tetapi jangan sampai mendidih. Angkat panci dari api.

c) Aduk cokelat dan gelatin sampai benar-benar larut.

d) Isi cetakan dengan adonan dan dinginkan selama 2-3 jam.

e) Untuk melepaskan panna cotta dari cetakan, rendam di bawah air panas selama beberapa detik sebelum mengeluarkan makanan penutup.

f) Hiasi sesuai keinginan Anda dan sajikan!

64.Galette Cheesy dengan Salami

5 porsi

Bahan:

- 130 gram mentega
- 300 gr tepung terigu
- 1 sendok teh garam
- 1 telur
- 80 ml susu
- 1/2 sendok teh cuka
- Isian:
- 1 tomat
- 1 paprika manis
- timun Jepang
- Salami
- keju mozzarella
- 1 sendok makan minyak zaitun
- herbal (seperti thyme, basil, bayam)

Petunjuk arah:

a) Kubus mentega.

b) Dalam mangkuk atau wajan, campur minyak, tepung, dan garam, lalu potong dengan pisau.

c) Masukkan telur, sedikit cuka, dan sedikit susu.

d) Mulailah menguleni adonan. Dinginkan selama setengah jam setelah menggulungnya menjadi bola dan membungkusnya dengan bungkus plastik.

e) Potong semua bahan isian.

f) Letakkan isian di tengah lingkaran besar adonan yang telah digulung di atas perkamen kue (kecuali Mozzarella).

g) Gerimis dengan minyak zaitun dan bumbui dengan garam dan merica.

h) Kemudian dengan hati-hati angkat tepi adonan, bungkus di sekitar bagian yang tumpang tindih, dan tekan sedikit ke dalam.

i) Panaskan oven hingga 200 ° C dan panggang selama 35 menit. Tambahkan mozzarella sepuluh menit sebelum akhir waktu memanggang dan lanjutkan memanggang.

j) Sajikan segera!

65. tiramisu

Porsi: 6

Bahan:

- 4 kuning telur

- cangkir gula putih

- 1 sendok makan ekstrak vanila

- cangkir krim kocok

- 2 cangkir keju mascarpone

- 30 jari wanita

- 1 cangkir kopi seduh es dingin disimpan di lemari es

- cangkir minuman keras Frangelico

- 2 sendok makan bubuk kakao tanpa pemanis

Petunjuk arah:

a) Dalam baskom, kocok kuning telur, gula, dan ekstrak vanila hingga lembut.

b) Setelah itu kocok whipping cream hingga kaku.

c) Campurkan keju mascarpone dan krim kocok.

d) Dalam mangkuk kecil, lipat sedikit mascarpone ke dalam kuning telur dan sisihkan.

e) Campurkan minuman keras dengan kopi dingin.

f) Celupkan lady-finger ke dalam campuran kopi segera. Jika jari wanita terlalu basah atau lembap, mereka akan menjadi basah.

g) Letakkan setengah dari jari wanita di bagian bawah loyang berukuran 9x13 inci.

h) Letakkan setengah adonan isi di atasnya.

i) Tempatkan jari-jari wanita yang tersisa di atasnya.

j) Tempatkan penutup di atas piring. Setelah itu diamkan selama 1 jam.

k) Taburi dengan bubuk kakao.

66. Pai Ricotta Krim

Porsi: 6

Bahan:

- 1 kulit pie yang dibeli di toko
- 1 pon keju ricotta
- cangkir keju mascarpone
- 4 butir telur kocok
- cangkir gula putih
- 1 sendok makan brendi

Petunjuk arah:

a) Panaskan oven hingga 350 derajat Fahrenheit.

b) Campurkan semua bahan isian dalam mangkuk pencampur. Lalu tuang adonan ke dalam adonan.

c) Panaskan oven hingga 350 ° F dan panggang selama 45 menit.

d) Dinginkan pai setidaknya selama 1 jam sebelum disajikan.

67. Kue Anisette

Porsi: 36

Bahan:

- 1 cangkir gula

- 1 cangkir mentega

- 3 cangkir tepung

- cangkir susu

- 2 butir telur kocok

- 1 sendok makan baking powder

- 1 sendok makan ekstrak almond

- 2 sendok teh anisette liqueur

- 1 cangkir gula kembang gula

Petunjuk arah:

a) Panaskan oven hingga 375 derajat Fahrenheit.

b) Kocok gula dan mentega hingga ringan dan mengembang.

c) Masukkan tepung terigu, susu, telur, baking powder, dan ekstrak almond secara bertahap.

d) Uleni adonan hingga menjadi lengket.

e) Buat bola-bola kecil dari adonan sepanjang 1 inci.

f) Panaskan oven hingga 350 ° F dan olesi loyang. Letakkan bola-bola di atas loyang.

g) Panaskan oven hingga 350 ° F dan panggang kue selama 8 menit.

h) Campurkan minuman keras anisette, gula manisan, dan 2 sendok makan air panas dalam mangkuk pencampur.

i) Terakhir, celupkan cookies ke dalam glasir selagi masih hangat.

68.Panna cotta

Porsi: 6

Bahan:

- cangkir susu
- 1 bungkus agar-agar tanpa rasa
- 2 cangkir krim kental
- cangkir gula pasir
- cangkir irisan stroberi
- 3 sendok makan gula merah
- 3 sendok makan brendi

Petunjuk arah:

a) Aduk susu dan gelatin bersama-sama sampai gelatin benar-benar larut. Hapus dari persamaan.

b) Dalam panci kecil, didihkan krim kental dan gula.

c) Masukkan campuran gelatin ke dalam krim kental dan kocok selama 1 menit.

d) Bagi campuran di antara 5 ramekin.

e) Letakkan bungkus plastik di atas ramekin. Setelah itu, dinginkan selama 6 jam.

f) Dalam mangkuk pencampur, gabungkan stroberi, gula merah, dan brendi; dinginkan minimal 1 jam.

g) Letakkan stroberi di atas panna cotta.

69. Puding Karamel

Porsi: 4

Bahan:

- 1 sendok makan ekstrak vanila

- 4 butir telur

- 2 kaleng susu (1 evaporasi dan 1 kental manis)

- 2 cangkir krim kocok

- 8 sendok makan gula pasir

Petunjuk arah:

a) Panaskan oven hingga 350 derajat Fahrenheit.

b) Dalam wajan antilengket, lelehkan gula dengan api sedang sampai berwarna keemasan.

c) Tuang gula cair ke dalam loyang selagi masih panas.

d) Dalam wadah pencampur, pecahkan dan kocok telur. Campurkan susu kental, ekstrak vanila, krim, dan susu manis dalam mangkuk pencampur. Buat campuran yang menyeluruh.

e) Tuang adonan ke dalam loyang yang sudah diolesi gula pasir. Tempatkan panci di panci yang lebih besar dengan 1 inci air mendidih.

f) Panggang selama 60 menit.

70. Krim Katalan

Porsi: 3

Bahan:

- 4 kuning telur

- 1 kayu manis (batang)

- 1 jeruk lemon (kulit)

- 2 sendok makan tepung maizena

- 1 cangkir gula

- 2 cangkir susu

- 3 cangkir Buah Segar (beri atau buah ara)

Petunjuk arah:

a) Dalam panci, kocok kuning telur dan sebagian besar gula. Blender sampai campuran berbusa dan halus.

b) Tambahkan batang kayu manis dengan kulit lemon. Buat campuran yang menyeluruh.

c) Campurkan tepung maizena dan susu. Di bawah api kecil, aduk sampai campuran mengental.

d) Keluarkan panci dari oven. Biarkan dingin selama beberapa menit.

e) Tempatkan campuran dalam ramekin dan sisihkan.

f) Diamkan minimal 3 jam di lemari es.

g) Saat siap disajikan, gerimis sisa gula di atas ramekin.

h) Tempatkan ramekin di rak bawah ketel. Biarkan gula mencair hingga berubah warna menjadi coklat keemasan.

i) Sebagai hiasan, sajikan dengan buah-buahan.

71. Krim Spanyol jeruk-lemon

Porsi: 1 Porsi

Bahan

- $4\frac{1}{2}$ sendok teh agar-agar polos

- cangkir jus jeruk

- cangkir jus lemon

- 2 cangkir Susu

- 3 Telur, pisahkan

- cangkir Gula

- Sejumput garam

- 1 sendok makan parutan kulit jeruk

Petunjuk arah:

a) Campur gelatin, jus jeruk, dan jus lemon bersama-sama dan diamkan selama 5 menit.

b) Lepuh susu dan kocok kuning telur, gula, garam, dan kulit jeruk.

c) Masak dalam double boiler sampai melapisi bagian belakang sendok (di atas air panas, bukan air mendidih).

d) Setelah itu, tambahkan campuran gelatin. Dingin.

e) Tambahkan putih telur yang sudah dikocok kaku ke dalam adonan.

f) Dinginkan sampai set.

72. melon mabuk

Porsi: 4 hingga 6 porsi

Bahan

- Untuk hidangan Pilihan 3 hingga 6 keju Spanyol yang berbeda

- 1 botol anggur port

- 1 Melon, buang bagian atasnya dan buang bijinya

Petunjuk arah:

a) Satu hingga tiga hari sebelum makan malam, tuangkan labu ke dalam melon.

b) Dinginkan di lemari es, ditutup dengan bungkus plastik dan dengan bagian atasnya diganti.

c) Keluarkan melon dari lemari es dan lepaskan bungkusnya dan tutup saat siap disajikan.

d) Lepaskan port dari melon dan letakkan di mangkuk.

e) Potong melon menjadi beberapa bagian setelah membuang kulitnya. Tempatkan potongan-potongan di empat piring dingin yang terpisah.

f) Sajikan sebagai lauk dengan keju.

73. Sorbet almond

Porsi: 1 porsi

Bahan

- 1 cangkir almond pucat; dipanggang

- 2 gelas Mata air

- cangkir Gula

- 1 sejumput kayu manis

- 6 sendok makan sirup jagung ringan

- 2 sendok makan Amaretto

- 1 sendok teh kulit lemon

Petunjuk arah:

a) Dalam food processor, giling almond menjadi bubuk. Dalam panci besar, campurkan air, gula, sirup jagung, minuman keras, zest, dan kayu manis, lalu tambahkan kacang tanah.

b) Di atas api sedang, aduk terus sampai gula larut dan campuran mendidih. 2 menit mendidih

c) Sisihkan hingga dingin Menggunakan pembuat es krim, aduk. campuran sampai setengah beku.

d) Jika Anda tidak memiliki pembuat es krim, pindahkan campuran ke mangkuk stainless steel dan bekukan sampai keras, aduk setiap 2 jam.

74. torte apel Spanyol

Porsi: 8 Porsi

Bahan

- pon Mentega
- ½ cangkir) gula
- 1 Kuning telur
- 1½ cangkir tepung yang diayak
- 1 sejumput Garam
- sendok teh baking powder
- 1 cangkir Susu
- kulit lemon
- 3 kuning telur
- cangkir Gula
- cangkir Tepung
- 1½ sendok makan Mentega
- cangkir Gula
- 1 sendok makan jus lemon
- sendok teh kayu manis
- 4 Apel, kupas dan iris
- Apel; aprikot, atau jeli pilihan apa pun

Petunjuk arah:

a) Panaskan oven hingga 350 ° F. Campurkan gula dan mentega dalam mangkuk pencampur. Campur bahan yang tersisa sampai menjadi bola.

b) Gilas adonan ke dalam loyang bentuk pegas atau loyang pie. Simpan dalam lemari es hingga siap digunakan.

c) Campurkan jus lemon, kayu manis, dan gula dalam mangkuk pencampur. Aduk dengan apel dan aduk untuk melapisi. Ini adalah sesuatu yang bisa dilakukan sebelumnya.

d) Tambahkan kulit lemon ke dalam susu. Didihkan susu, lalu kecilkan api selama 10 menit. Sementara itu, dalam panci saus berat, pukul bersama kuning telur dan gula.

e) Saat susu sudah siap, tuangkan perlahan ke dalam campuran kuning telur sambil terus diaduk dengan api kecil. Masukkan tepung terigu sedikit demi sedikit sambil diaduk dengan api kecil.

f) Lanjutkan mengocok campuran sampai halus dan kental. Angkat panci dari api. Aduk perlahan mentega sampai meleleh.

g) Isi kerak dengan custard. Untuk membuat lapisan tunggal atau ganda, letakkan apel di atasnya. Tempatkan torte dalam oven 350 ° F selama sekitar 1 jam setelah selesai.

h) Angkat dan sisihkan hingga dingin. Saat apel cukup dingin untuk dipegang, hangatkan jeli pilihan Anda dan gerimis di atasnya.

i) Sisihkan agar-agar agar dingin. Melayani.

75. puding karamel

Porsi: 1 Porsi

Bahan

- cangkir gula pasir
- 1 sendok teh Air
- 4 kuning telur atau 3 telur utuh
- 2 cangkir Susu, tersiram air panas
- sendok teh ekstrak vanila

Petunjuk arah:

a) Dalam wajan besar, campurkan 6 sendok makan gula dan 1 gelas air. Panaskan dengan api kecil, kocok atau aduk sesekali dengan sendok kayu agar tidak gosong, sampai gula berubah menjadi keemasan.

b) Tuang sirup karamel ke dalam loyang dangkal (8x8 inci) atau piring pai sesegera mungkin. Biarkan dingin sampai keras.

c) Panaskan oven hingga 325 derajat Fahrenheit.

d) Baik kocok kuning telur atau telur utuh bersama-sama. Campur susu, ekstrak vanila, dan sisa gula hingga tercampur sempurna.

e) Tuang karamel dingin di atasnya.

f) Tempatkan loyang dalam bak air panas. Panggang selama 1-112 jam, atau sampai bagian tengahnya matang. Keren, keren, keren.

g) Untuk menyajikan, balikkan ke piring saji dengan hati-hati.

76. kue keju spanyol

Porsi: 10 porsi

Bahan

- 1 pon krim keju

- 1½ cangkir Gula; butiran

- 2 telur

- sendok teh kayu manis; Tanah

- 1 sendok teh Kulit Lemon; Parut

- cangkir Tepung Yang Tidak Dikelantang

- sendok teh garam

- 1 x Gula Manis

- 3 sendok makan Mentega

Petunjuk arah:

a) Panaskan oven hingga 400 derajat Fahrenheit. Kocok keju, 1 sendok makan mentega, dan gula dalam baskom besar. Jangan meronta.

b) Tambahkan telur satu per satu, kocok rata setelah setiap penambahan.

c) Campurkan kayu manis, kulit lemon, tepung, dan garam. Olesi loyang dengan sisa 2 sendok makan mentega, ratakan dengan jari.

d) Tuang adonan ke dalam panci yang sudah disiapkan dan panggang pada suhu 400 derajat selama 12 menit, lalu turunkan menjadi 350 derajat dan panggang lagi selama 25 sampai 30 menit. Pisau harus bebas dari residu.

e) Saat kue telah dingin hingga suhu kamar, taburi dengan gula confectioners.

77. puding goreng spanyol

Porsi: 8 porsi

Bahan

- 1 batang kayu manis

- kupasan dari 1 lemon

- 3 cangkir Susu

- 1 cangkir Gula

- 2 sendok makan tepung maizena

- 2 sendok teh Kayu Manis

- Tepung; untuk pengerukan

- Mencuci telur

- Minyak zaitun; untuk menggoreng

Petunjuk arah:

a) Campurkan batang kayu manis, kulit lemon, 34 cangkir gula, dan 212 cangkir susu dalam panci dengan api sedang.

b) Didihkan, lalu kecilkan api dan masak selama 30 menit. Buang kulit lemon dan batang kayu manis. Campurkan sisa susu dan tepung maizena dalam wadah kecil.

c) Aduk rata. Dalam aliran yang lambat dan stabil, aduk campuran tepung jagung ke dalam susu yang dipanaskan. Didihkan, lalu kecilkan api ke api kecil dan masak selama 8 menit, sering diaduk. Angkat dari api dan tuangkan ke dalam loyang berukuran 8 inci yang telah diolesi mentega.

d) Biarkan hingga benar-benar dingin. Tutup dan dinginkan sampai benar-benar dingin. Buat segitiga 2 inci dari custard.

e) Campurkan sisa 14 cangkir gula dan kayu manis dalam mangkuk pencampur. Campur secara menyeluruh. Gulingkan segitiga dalam tepung sampai benar-benar tertutup.

f) Celupkan setiap segitiga ke dalam kocokan telur dan teteskan kelebihannya. Kembalikan custard ke tepung dan lapisi sepenuhnya.

g) Panaskan minyak dalam wajan tumis besar di atas api sedang. Tempatkan segitiga dalam minyak panas dan goreng selama 3 menit, atau sampai berwarna cokelat di kedua sisinya.

h) Keluarkan ayam dari wajan dan tiriskan di atas tisu. Aduk dengan campuran gula kayu manis dan bumbui dengan garam dan merica.

i) Lanjutkan dengan sisa segitiga dengan cara yang sama.

78. Pai artichoke Italia

Porsi: 8 Porsi

Bahan

- 3 telur; dipukuli
- 1 3 Oz Paket Krim Keju dengan Daun Bawang; melunak
- sendok teh Bawang Putih Bubuk
- sendok teh Lada
- 1½ cangkir Keju Mozzarella, Bagian Susu Skim; diparut
- 1 cangkir Keju Ricotta
- cangkir mayones
- 1 14 Oz Can Artichoke Hati; Dikuras
- 15 Oz Can Garbanzo Beans, Kalengan; Dibilas dan Ditiriskan
- 1 2 1/4 Oz Kaleng Irisan Zaitun; Dikuras
- 1 2 Oz Jar Pimientos; Potong dadu dan tiriskan
- 2 sendok makan Peterseli; terpotong
- 1 Pie Kerak (9 Inci); Belum dipanggang
- 2 buah tomat kecil; Irisan

Petunjuk arah:

a) Campurkan telur, krim keju, bubuk bawang putih, dan merica dalam baskom besar. Campurkan 1 cangkir keju mozzarella, keju ricotta, dan mayones dalam mangkuk pencampur.

b) Aduk hingga semuanya tercampur rata.

c) Potong 2 hati artichoke menjadi dua dan sisihkan. Potong sisa hati.

d) Aduk campuran keju dengan hati cincang, kacang garbanzo, zaitun, pimientos, dan peterseli. Isi kulit pastry dengan adonan.

e) Panggang selama 30 menit pada suhu 350 derajat. Sisa keju mozzarella dan keju Parmesan harus ditaburkan di atasnya.

f) Panggang lagi selama 15 menit atau sampai matang.

g) Biarkan istirahat selama 10 menit.

h) Di atasnya, atur irisan tomat dan hati artichoke yang dipotong-potong.

i) Melayani

79. Persik panggang Italia

Porsi: 1 Porsi

Bahan

- 6 buah persik matang
- cangkir Gula
- 1 cangkir kacang almond
- 1 Kuning telur
- sendok teh ekstrak almond
- 4 sendok makan Mentega
- cangkir irisan almond
- Krim kental, opsional

Petunjuk arah:

a) Panaskan oven hingga 350 derajat Fahrenheit. Persik harus dibilas, dibelah dua, dan diadu. Dalam food processor, haluskan 2 bagian buah persik.

b) Dalam wadah pencampur, campurkan puree, gula, almond bubuk, kuning telur, dan ekstrak almond. Untuk membuat pasta halus, gabungkan semua Bahan dalam mangkuk pencampur.

c) Tuangkan isian di atas setiap setengah buah persik dan atur bagian persik yang sudah diisi ke dalam loyang yang sudah diolesi mentega.

d) Taburi dengan irisan almond dan olesi sisa mentega di atas buah persik sebelum dipanggang selama 45 menit.

e) Sajikan panas atau dingin, dengan sisi krim atau es krim.

80. Kue prune-plum Italia pedas

Porsi: 12 porsi

Bahan

- 2 cangkir Italia diadu dan dipotong-potong

- Plum-plum, dimasak sampai

- Lembut dan dingin

- 1 cangkir mentega tawar, dilunakkan

- $1\frac{3}{4}$ cangkir gula pasir

- 4 Telur

- 3 cangkir tepung yang diayak

- cangkir mentega tawar

- pon Gula bubuk

- $1\frac{1}{2}$ sendok makan kakao tanpa pemanis

- Sedikit garam

- 1 sendok teh Kayu Manis

- sendok teh cengkeh tanah

- sendok teh pala bubuk

- 2 sendok teh soda kue

- cangkir Susu

- 1 cangkir Walnut, cincang halus

- 2 sampai 3 sendok makan kuat, panas

- Kopi

- sendok teh Vanili

Petunjuk arah:

a) Panaskan oven hingga 350 ° F. Mentega dan tepung pan Bundt 10 inci.

b) Dalam baskom besar, krim bersama mentega dan gula hingga ringan dan mengembang.

c) Kocok telur satu per satu.

d) Campurkan tepung, bumbu, dan soda kue dalam ayakan. Di ketiga, tambahkan campuran tepung ke dalam campuran mentega, bergantian dengan susu. Hanya kocok untuk menggabungkan Bahan.

e) Tambahkan plum-plum dan kenari yang sudah dimasak dan aduk hingga tercampur. Balikkan ke dalam panci yang sudah disiapkan dan panggang selama 1 jam dalam oven 350 ° F, atau sampai kue mulai menyusut dari sisi loyang.

f) Untuk membuat frosting, campur mentega dan gula confectioners. Secara bertahap tambahkan gula dan bubuk kakao, aduk terus sampai benar-benar tercampur. Bumbui dengan garam.

g) Aduk kopi sedikit demi sedikit.

h) Kocok sampai ringan dan mengembang, lalu tambahkan vanilla dan hiasi kue.

81. permen kacang spanyol

Porsi: 1 Porsi

Bahan

- 1 cangkir Susu
- 3 cangkir gula merah muda
- 1 sendok makan mentega
- 1 sendok teh ekstrak vanili
- 1 pon daging kenari; dicincang

Petunjuk arah:

a) Rebus susu dengan gula merah hingga menjadi karamel, lalu tambahkan mentega dan esens vanila sesaat sebelum disajikan.

b) Sesaat sebelum mengeluarkan permen dari api, tambahkan kenari.

c) Dalam mangkuk besar, campurkan kacang secara menyeluruh dan masukkan campuran ke dalam kaleng muffin yang sudah disiapkan.

d) Potong kotak dengan pisau tajam segera.

82. Puding madu

Porsi: 6 porsi

Bahan

- cangkir mentega tawar
- $1\frac{1}{2}$ cangkir Susu
- 2 Telur besar; dipukuli ringan
- 6 potong roti putih pedesaan; robek
- cangkir Bening; madu tipis, plus
- 1 sendok makan Bening; madu tipis
- cangkir air panas; plus
- 1 sendok makan Air panas
- sendok teh kayu manis bubuk
- sendok teh Vanila

Petunjuk arah:

a) Panaskan oven hingga 350 derajat dan gunakan sedikit mentega untuk mengolesi loyang pai kaca berukuran 9 inci. Kocok susu dan telur, lalu tambahkan potongan roti dan balikkan untuk melapisinya secara merata.

b) Biarkan roti terendam selama 15 hingga 20 menit, balikkan sekali atau dua kali. Dalam wajan antilengket besar, panaskan sisa mentega di atas api sedang.

c) Goreng roti yang direndam dalam mentega sampai berwarna keemasan, sekitar 2 hingga 3 menit di setiap sisinya. Pindahkan roti ke loyang.

d) Dalam mangkuk, campurkan madu dan air panas, lalu aduk hingga adonan tercampur rata.

e) Aduk kayu manis dan vanila dan gerimis campuran di atas dan di sekitar roti.

f) Panggang selama sekitar 30 menit, atau sampai berwarna cokelat keemasan.

83. torte bawang Spanyol

Porsi: 2 porsi

Bahan

- sendok teh minyak zaitun
- 1 liter bawang Spanyol
- gelas Air
- cangkir anggur merah
- sendok teh rosemary kering
- 250 gram kentang
- 3/16 cangkir Yoghurt alami
- sendok makan tepung terigu
- Telur
- cangkir keju Parmesan
- cangkir peterseli Italia cincang

Petunjuk arah:

a) Siapkan bawang Spanyol dengan mengiris tipis dan parut kentang dan keju parmesan.

b) Dalam wajan berat, panaskan minyak. Masak, aduk sesekali, sampai bawang lunak.

c) Didihkan selama 20 menit, atau sampai cairannya menguap dan bawang bombay berubah warna menjadi coklat tua kemerahan.

d) Campur rosemary, kentang, tepung, yoghurt, telur, dan keju parmesan bersama-sama dalam mangkuk pencampur. Masukkan bawang bombay.

e) Dalam piring flan tahan oven 25cm yang diolesi mentega, sebarkan Bahan secara merata. Panaskan oven hingga 200 ° C dan panggang selama 35-40 menit, atau sampai berwarna cokelat keemasan.

f) Hiasi dengan peterseli sebelum dipotong menjadi irisan dan disajikan.

84. souffle pan Spanyol

Porsi: 1

Bahan

- 1 Kotak Nasi Merah Spanyol Cepat

- 4 Telur

- 4 ons cabai hijau cincang

- 1 gelas Air

- 1 cangkir keju parut

Petunjuk arah:

a) Ikuti petunjuk kemasan untuk memasak isi kotak.

b) Setelah nasi matang, masukkan sisa Bahan, kecuali keju.

c) Taburi dengan keju parut dan panggang pada suhu 325 ° F selama 30-35 menit.

85. Beku Madu Semifreddo

Porsi: 8 porsi

Bahan

- 8 ons krim kental

- 1 sendok teh ekstrak vanila

- 1/4 sendok teh air mawar

- 4 butir telur besar

- 4 1/2 ons madu

- 1/4 sendok teh ditambah 1/8 sendok teh garam halal

- Topping seperti irisan buah, kacang panggang, biji kakao, atau coklat serut

Petunjuk arah

a) Panaskan oven hingga 350 ° F. Lapisi loyang roti berukuran 9 kali 5 inci dengan bungkus plastik atau kertas perkamen.

b) Untuk Semifreddo, dalam mangkuk mixer berdiri yang dilengkapi dengan alat pengocok, kocok krim, vanila, dan air mawar hingga kaku.

c) Pindahkan ke mangkuk atau piring terpisah, tutup, dan dinginkan hingga siap digunakan.

d) Dalam mangkuk mixer berdiri, kocok telur, madu, dan garam. Untuk memblender, gunakan spatula fleksibel untuk mengaduk semuanya. Sesuaikan panas untuk mempertahankan didihkan perlahan di atas penangas air yang sudah disiapkan, pastikan mangkuk tidak menyentuh air.

e) Dalam baskom stainless steel, masak, aduk, dan gosok secara teratur dengan spatula fleksibel, hingga hangat hingga 165 ° F, sekitar 10 menit.

f) Pindahkan campuran ke mixer berdiri yang dilengkapi dengan alat pengocok setelah mencapai 165 ° F. Kocok telur dengan kecepatan tinggi hingga berbusa.

g) Kocok perlahan setengah dari krim kocok yang sudah disiapkan dengan tangan. Tambahkan sisa Bahan, aduk cepat, lalu lipat dengan spatula fleksibel hingga tercampur rata.

h) Gosok ke dalam panci roti yang sudah disiapkan, tutup rapat, dan bekukan selama 8 jam atau sampai cukup padat untuk diiris, atau sampai suhu internal mencapai 0 °F.

i) Balikkan semifreddo ke piring dingin untuk disajikan.

86. Zabaglione

Porsi: 4

Bahan

- 4 kuning telur
- 1/4 cangkir gula
- 1/2 cangkir Marsala Dry atau anggur putih kering lainnya
- beberapa tangkai mint segar

Petunjuk arah:

a) Dalam baskom tahan panas, kocok kuning telur dan gula hingga kuning pucat dan mengkilap. Marsala kemudian harus dibawa masuk.

b) Bawa panci sedang setengah penuh air sampai mendidih rendah. Mulailah mengocok campuran telur/anggur dalam mangkuk tahan panas di atas panci.

c) Lanjutkan mengocok selama 10 menit dengan pengocok listrik (atau pengocok) di atas air panas.

d) Gunakan termometer baca instan untuk memastikan bahwa campuran mencapai 160 ° F selama periode memasak.

e) Angkat dari api dan tuang zabaglione di atas buah yang sudah disiapkan, hiasi dengan daun mint segar.

f) Zabaglione juga tak kalah enak disajikan di atas es krim atau disajikan sendiri.

87. Affogato

Porsi: 1

Bahan

- 1 sendok es krim vanilla

- 1 tembakan Espresso

- Sedikit Saus Cokelat, opsional

Petunjuk arah:

a) Dalam gelas, masukkan satu sendok es krim vanila dan 1 gelas espresso.

b) Melayani!

Bumbu

88. Saus Tahini

Membuat sekitar $1\frac{1}{4}$ cangkir

Bahan

- cangkir tahini

- gelas air

- cangkir jus lemon (2 lemon)

- 2 siung bawang putih, cincang

Petunjuk arah:

a) Kocok semua bahan dalam mangkuk sampai tercampur. Bumbui dengan garam dan merica sesuai selera.

b) Diamkan hingga bumbu meresap, sekitar 30 menit. (Saus dapat didinginkan hingga 4 hari.)

89. Saus Yogurt Bawang Putih

Membuat sekitar cangkir

Bahan

- cangkir yogurt Yunani polos

- 1 sendok makan jus lemon

- 1 sendok makan mint segar cincang

- 1 siung bawang putih, cincang

Petunjuk arah:

a) Campur semua bahan dalam mangkuk dan bumbui dengan garam dan merica sesuai selera.

b) Melayani. (Saus dapat didinginkan hingga 4 hari.)

90. Saus alpukat-yogurt

Membuat sekitar $1\frac{1}{4}$ cangkir

Bahan

- 1 buah alpukat matang, potong inci

- cangkir yogurt tawar

- 1 sendok teh air jeruk nipis

- sendok teh jinten tanah

- sendok teh garam meja

- sendok teh lada

Petunjuk arah:

a) Menggunakan pengocok yang kuat, tumbuk dan aduk semua bahan bersama-sama dalam mangkuk sampai semulus mungkin.

b) Bumbui dengan garam dan merica sesuai selera. Melayani.

91. Saus Tahini-Yogurt

Membuat sekitar 1 cangkir

Bahan

- cangkir tahini

- cangkir yogurt Yunani polos

- gelas air

- 3 sendok makan jus lemon

- 1 siung bawang putih, cincang

- sendok teh garam meja

Petunjuk arah:

a) Kocok semua bahan dalam mangkuk sampai tercampur. Bumbui dengan garam dan merica sesuai selera.

b) Diamkan hingga bumbu meresap, sekitar 30 menit. (Saus dapat didinginkan hingga 4 hari.)

92. Anchoïade

Membuat sekitar $1\frac{1}{4}$ cangkir

Bahan

- 2 kuning telur besar

- 8 fillet ikan teri, bilas, keringkan, dan cincang

- 2 sendok teh mustard Dijon

- 2 sendok teh jus lemon

- 1 siung bawang putih, cincang

- cangkir minyak sayur

- 1 sendok makan air

- sendok teh lada

- cangkir minyak zaitun extra-virgin

Petunjuk arah:

a) Proses kuning telur, teri, mustard, jus lemon, dan bawang putih dalam food processor hingga tercampur, sekitar 20 detik.

b) Dengan prosesor berjalan, gerimis perlahan dalam minyak sayur sampai tercampur, sekitar 1 menit.

c) Pindahkan ke mangkuk sedang dan kocok dalam air dan merica. Aduk terus, gerimis perlahan dalam minyak zaitun, lalu bumbui dengan garam dan merica secukupnya.

93. Basil Pesto

Membuat sekitar $1\frac{1}{2}$ cangkir

Bahan

- 6 siung bawang putih, tidak dikupas

- cangkir kacang pinus

- 4 cangkir daun kemangi segar

- 4 sendok makan daun peterseli segar

- 1 cangkir minyak zaitun extra-virgin

- 1 ons keju Parmesan, parut halus ($\frac{1}{2}$ cangkir)

Petunjuk arah:

a) Panggang bawang putih dalam wajan berukuran 8 inci di atas api sedang, sesekali kocok wajan, sampai lunak dan berwarna cokelat kemerahan, sekitar 8 menit. Saat bawang putih cukup dingin untuk dipegang, angkat dan buang kulitnya dan potong kasar.

b) Sementara itu, panggang kacang pinus dalam wajan yang sekarang kosong di atas api sedang, aduk terus, hingga berwarna keemasan dan harum, 4 hingga 5 menit.

c) Tempatkan kemangi dan peterseli dalam kantong kunci ritsleting 1 galon. Pukul bag dengan sisi datar penumbuk daging atau dengan rolling pin sampai semua daun memar.

d) Proses bawang putih, kacang pinus, dan rempah-rempah dalam food processor sampai dicincang halus, sekitar 1 menit, mengikis sisi mangkuk sesuai kebutuhan. Dengan prosesor berjalan, perlahan tambahkan minyak sampai dimasukkan. Pindahkan pesto ke mangkuk, aduk di Parmesan, dan bumbui dengan garam dan merica secukupnya.

e) Untuk mencegah kecoklatan, tekan bungkus plastik rata ke permukaan atau atas dengan lapisan tipis minyak zaitun.

94. Harissa

Membuat sekitar cangkir

Bahan

- 6 sendok makan minyak zaitun extra-virgin

- 6 siung bawang putih, cincang

- 2 sendok makan paprika

- 1 sendok makan ketumbar

- 1-3 sendok makan lada Aleppo kering

- 1 sendok teh jinten tanah

- sendok teh biji jintan

- sendok teh garam meja

Petunjuk arah:

a) Campurkan semua bahan dalam mangkuk dan microwave sampai mendidih dan sangat harum, sekitar 1 menit, aduk setengah jalan melalui microwave; biarkan dingin sepenuhnya.

b) Harissa dapat disimpan di lemari es hingga 4 hari.

95. Rose Harissa

Membuat sekitar cangkir

Bahan

- 6 sendok makan minyak zaitun extra-virgin

- cangkir paprika

- $1\frac{1}{2}$ sendok makan lada Aleppo kering

- 1 sendok makan ketumbar

- 3 siung bawang putih, cincang

- sendok teh jinten tanah

- sendok teh biji jintan

- sendok teh garam meja

- 2 sendok makan kuntum mawar kering yang dihancurkan, buang batangnya

- $1\frac{1}{4}$ sendok teh air mawar

Petunjuk arah:

a) Campurkan minyak, paprika, lada Aleppo, ketumbar, bawang putih, jintan, jintan, dan garam dalam mangkuk dan microwave sampai berbuih dan sangat harum, sekitar 1 menit, aduk setengah jalan melalui microwave.

b) Kocok kuntum mawar dan air mawar; biarkan dingin sepenuhnya.

96. Lemon yang diawetkan

Membuat 4 lemon yang diawetkan

Bahan

- 12 lemon, lebih disukai Meyer

- cangkir garam halal

Petunjuk arah:

a) Cuci dan keringkan 4 lemon. Potong memanjang menjadi empat bagian, hentikan 1 inci dari bawah sehingga lemon tetap utuh di dasarnya. Jus sisa 8 lemon untuk menghasilkan $1\frac{1}{2}$ cangkir jus; sisihkan jus ekstra.

b) Perlahan regangkan 1 potong lemon dan tuangkan 2 sendok makan garam ke tengahnya. Bekerja di atas mangkuk, gosok perlahan permukaan lemon bersama-sama, lalu masukkan lemon ke dalam stoples berukuran 1 liter. Ulangi dengan sisa potongan lemon dan sisa garam. Tambahkan akumulasi garam dan jus dalam mangkuk ke stoples.

c) Tuangkan 1 cangkir jus lemon ke dalam stoples dan tekan perlahan untuk merendam lemon. (Tambahkan jus ekstra yang dipesan ke stoples sesuai kebutuhan untuk menutupi lemon sepenuhnya.) Tutup toples rapat dengan tutupnya dan kocok. Dinginkan lemon, kocok stoples sekali sehari selama 4 hari pertama untuk mendistribusikan kembali garam dan jus. Biarkan lemon menyembuhkan di lemari es sampai mengkilap dan melunak, 6 sampai 8 minggu.

d) Untuk menggunakannya, potong jumlah lemon yang diawetkan yang diinginkan. Jika diinginkan, gunakan pisau untuk menghilangkan ampas dan empulur putih dari kulit sebelum digunakan.

97. Acar Lobak Merah Muda

Membuat 4 cangkir

Bahan

- $1\frac{1}{4}$ cangkir cuka anggur putih

- $1\frac{1}{4}$ gelas air

- $2\frac{1}{2}$ sendok makan gula pasir

- $1\frac{1}{2}$ sendok makan garam pengalengan dan pengawetan (lihat halaman ini)

- 3 siung bawang putih, geprek dan kupas

- sendok teh allspice berry utuh

- sendok teh merica hitam

- 1 pon lobak, dikupas dan dipotong menjadi 2 batang inci

- 1 bit kecil, dipangkas, dikupas, dan dipotong menjadi kepingan 1 inci

Petunjuk arah:

a) Bawa cuka, air, gula, garam, bawang putih, allspice, dan merica hingga mendidih dalam panci sedang di atas api sedang-tinggi. Tutup, angkat dari api, dan biarkan curam selama 10 menit.

b) Saring air garam melalui saringan halus, lalu kembalikan ke panci.

c) Tempatkan dua stoples 1 liter dalam mangkuk dan letakkan di bawah air panas yang mengalir sampai dipanaskan, 1 hingga 2 menit; kocok kering. Kemas lobak secara vertikal ke dalam stoples panas dengan potongan bit yang didistribusikan secara merata.

d) Kembalikan air garam hingga mendidih sebentar. Menggunakan corong dan sendok, tuangkan air garam panas di atas sayuran untuk menutupi. Biarkan stoples mendingin hingga suhu kamar, tutup dengan penutup, dan dinginkan setidaknya selama 2 hari sebelum disajikan. (Acar lobak dapat didinginkan hingga 1 bulan; lobak akan melunak seiring waktu.)

98. Acar Bawang Cepat

Membuat 1 cangkir

Bahan

- 1 cangkir cuka anggur merah

- cangkir gula pasir

- sendok teh garam meja

- 1 bawang merah, belah dua dan iris tipis

Petunjuk arah:

a) Bawa cuka, gula, dan garam untuk didihkan dalam panci kecil di atas api sedang-tinggi, aduk sesekali, sampai gula larut.

b) Matikan api, aduk bawang, tutup, dan biarkan dingin sepenuhnya, sekitar 1 jam. Melayani. (Acar bawang dapat didinginkan dalam wadah kedap udara hingga 1 minggu.)

99. bawang merah

Membuat sekitar 2 cangkir

Bahan

- 1 bawang merah, dibelah dua dan diiris melalui ujung akar menjadi potongan inci

- 2 sendok makan jus lemon

- 2 sendok makan cuka anggur merah

- 1 sendok makan minyak zaitun extra-virgin

- 1 sendok makan sumac

- sendok teh gula pasir

- sendok teh garam meja

Petunjuk arah:

a) Campurkan semua bahan dalam mangkuk.

b) Diamkan, aduk sesekali selama 1 jam. (Bawang dapat didinginkan hingga 1 minggu).

100. Zhoug Hijau

Membuat sekitar cangkir

Bahan

- 6 sendok makan minyak zaitun extra-virgin

- sendok teh ketumbar tanah

- sendok teh jinten tanah

- sendok teh kapulaga bubuk

- sendok teh garam meja

- Sejumput cengkeh tanah

- cangkir daun ketumbar segar

- cangkir daun peterseli segar

- 2 cabai hijau Thailand, bertangkai dan cincang

- 2 siung bawang putih, cincang

Petunjuk arah:

a) Panaskan minyak, ketumbar, jinten, kapulaga, garam, dan cengkeh dalam mangkuk tertutup hingga harum, sekitar 30 detik; biarkan dingin sepenuhnya.

b) Campuran minyak-rempah-rempah, ketumbar, peterseli, cabai, dan bawang putih dalam food processor sampai bentuk pasta kasar, sekitar 15 pulsa, mengikis sisi mangkuk sesuai kebutuhan.

KESIMPULAN

Memasak daerah Mediterania tidak menjadi bingung dengan diet Mediterania, dipopulerkan karena manfaat kesehatan yang jelas dari diet kaya minyak zaitun, gandum dan biji-bijian lainnya, buah-buahan, sayuran, dan sejumlah makanan laut, tapi rendah dalam daging dan produk susu. Masakan Mediterania mencakup cara bahan ini dan bahan lainnya, termasuk daging, diolah di dapur, apakah itu menyehatkan atau tidak.

CPSIA information can be obtained
at www.ICGtesting.com
Printed in the USA
LVHW080910111122
732762LV00026B/539